كتاب الزراعة المعمرة المدرسي

إن أكثر المواد الصادرة في كتاب الطالب وكتاب الواجب المنزلي مستوحاة من عمل السيد جيف لوتن، ودورات تصميم الزراعة المعمرة على الإنترنت للسيد جيف لوتن، كما استوحيت أيضاً من أعمال السابقين في نفس المجال: بيل ميلسون,--. تم تأليف هذا الكتاب ليناسب أعمار الطلاب تحت سن الحادية عشر في المدارس المتوسطة في الولايات المتحدة الأمريكية، لكن هذا الكتاب لا يقتصر فقط على هؤلاء الطلاب من هذه الفئة العمرية وحدها. تم اعتماد هذا الكتاب بوصفه مكملاً لمادة العلوم في المدارس المتوسطة في الولايات المتحدة الأمريكية أو ما يعادلها دولياً. يعتبر هذا الكتاب بمثابة دورة تعليمية عن تقديم الزراعة المعمرة للكبار الذين لا يملكون الوقت لقراءة المواضيع والنصوص المتقدمة عن هذا الموضوع. يعتبر هذا الكتاب هو الأول ضمن سلسلة كتب قادمة .

هذه السلسلة أنشأت لاستقطاب أفكار التصاميم التعليمية الخلاقة وإضافتها لتعليم الأطفال عبر منحى إيجابي وعملي شامل، تشمل بذلك التدريب العملي على العديد من الأنشطة المرتبطة بعلوم الزراعة والبستنة والهندسة وعلم البيئة والكيمياء والهندسة المعمارية, وعلم تصميم المناطق الطبيعية و علم التغذية والأحيا ء.

<u>الرسوم التوضيحية</u>

الصفحة رقم 8 لمبة النور لمات باور الصفحات 2-3 ، 5 ، 26 ،34 ،35 ،41 ،وأخر صفحة 48 و 51 ، 62 ، 64-65 ،68، 79 ، 81 كتبت بواسطة واين فليمنج الصفحة 89 كتبت بواسطة ليريك بيكولوتيوالبقية ل براندون كاربنتر الإصدار الثاني عام 2016 تنسيق توماس ميتشل - نشر في 2015 الزراعة المعمرة لمات باور 123

حقوق التأليف والنشر محفوظة لمات باور 2016

المحتويات

الفصل الأول 5
المقدمة

الفصل الثاني 15
الطبيعة

- سلوكيات الطبيعة 16
- عناصر الطبيعة 21
- التربة 23
- الفطريات 27
- الأشجار 29
- المناخ 32

الفصل الثالث 35
أنماط الزراعة المعمرة

- المراقبة 36
- التخطيط 47

التطبيق العملي:

- التربة 52
- النباتات 61
- الحيوانات 68
- تربية الأحياء المائية 70
- المتاريس 72
- المنزل 76

الفصل الرابع 79
الزراعة المعمرة في المستقبل

الفهرس 82

الفصل الأول

المقدمة

تعريف الزراعة المعمرة

بدأت الزراعة المعمرة ببساطة مثل الزراعة العادية، وهي عبارة عن نظام أخلاقي غذائي دائم، لكنه توسع ليكون علم تصميم أخلاقي لتوفير الاستقرار للزراعة المعمرة. يركز هذا العلم على استخدام الطاقة المتجددة بالطريقة التي تؤديها الطبيعة مع إضافة التصميم واستخدام كل مصادر الطاقة المتاحة بما في ذلك الطاقة الكامنة. تعمل الزراعة المعمرة على توسيع وإفادة أنماط الطبيعة المختلفة.

إن توفير الغذاء بصورة مستدامة ليست فكرة جديدة، فالعديد من الثقافات والحضارات تمتلك العناصر المستدامة، و لدى كل شخص منا أجداده الذين يعيشون بتأقلم كبير مع الطبيعة. لم يمتلك هؤلاء الأجداد البحوث العلمية أو التقنيات التكنولوجية الحديثة ولا يملكون التنوع في الثروة النباتية والحيوانية التي لدينا اليوم. فقط حرص الأجداد على مراقبة الطبيعة وأنماطها وحرصوا أيضاً على تحديد وتحجيم استهلاكهم للمصادر والموارد الطبيعية المتجددة. فبالجمع بين فهمنا الحالي للماضي والحاضر لتصاميم الزراعة المعمرة، نستطيع إنشاء أنظمة مرنة ومستدامة لتوفير احتياجات الناس محلياً وعالمياً بطريقة تعود بالفائدة على الطبيعة.

> **الأخلاقية:** تعني الأفكار والأعمال التي لا تسبب الضرر سواء للناس أو للبيئة.
> **الاستمرارية:** تعني استمرار الأنظمة بشكل دائم.
> **الطاقات:** القوى التي تستخدم في تشغيل وإمداد العمليات، مثل: الشمس والحرارة والرياح .
> **الطاقة الكامنة:** وهي المصادر والعناصر الكامنة التي تستخدم في إنشاء الطاقة، مثل: المياه، والجاذبية، والحطب، إلخ .
> **العنصر:** وهو أصغر جزء في المادة مثل: الشجرة التي تعتبر أصغر عنصر في الغابة .
> **الاختلاف:** وهو كمية التنوع
> **التجدد:** وهي القدرة على الترميم والتجديد المستمر .
> **المرونة:** القدرة على المقاومة والتغلب على الإجهاد والأضرار والتلف.

أخلاقيات التصميم

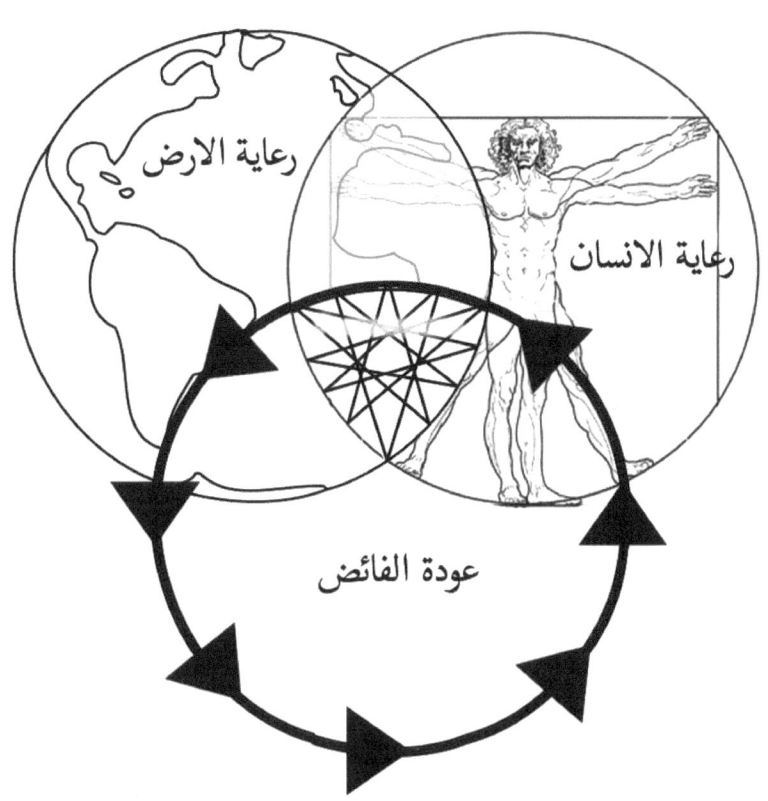

العناية بالأرض

العناية بجميع الكائنات الحية والغير حية الموجودة على سطح الأرض.

•

العناية بالإنسان

العناية بالإنسانية جمعاء مع الاعتماد على الذات والمسؤولية تجاه المجتمع.

•

يرجع الفضل في زيادة الكميات وغزارتها إلى الأخلاقيات الأخرى التجارة, والأعمال الخيرية, والاستدامة, والبرية. لتسهيل العناية لأول عنصرين من الأخلاقيات

•

يجب على كل التصاميم إحداث التوازن والتداخل بين الأخلاقيات الثلاثة. عند تحقيق هذا التوازن فإن ذلك يعود بالنفع على الأرض وعلى جميع الكائنات الحية المتواجدة عليها.

المقدمة |

التوجيه الرئيسي

"القرار الأخلاقي الوحيد هو أن نتحمل المسؤولية تجاه أطفالنا وحياتنا. لذلك يجب علينا فعل ذلك الآن."

بيل ميلسون، الزراعة المعمرة: دليل المصمم

المشكلة هي الحل

تنظر الزراعة المعمرة للمشاكل على أنها فرص متاحة للتحسين والتطوير. على سبيل المثال، خلال عملية التصميم يمكن أن تصبح القمامة والمهملات الغير مرغوب بها مصادر ذات قيمة. إن حجم القيمة الكامنة لهذه المصادر جمعاء تعتمد على حجم المشكلة. على سبيل المثال، يمكن أن تصبح الرياح مصدر طاقة للمولدات. وكذلك المياه الفائضة يمكن أن تستخدم في البرك الإنتاجية وإنتاج الطاقة الكهرومائية. وأيضاً طاقة الشمس الزائدة يمكن أن تصبح طاقة شمسية تستخدم في العديد من الأغراض. نحن محدودون فقط بمخيلتنا.

الزراعة المعمرة في المناطق الطبيعية والمجتمع

1. حماية الأماكن الطبيعية والحفاظ على الحياة البرية
2. إعادة تأهيل الأراضي القاحلة والمدمرة
3. خلق البيئة الحياتية الخاصة بنا

موليسون, الزراعة المعمرة: دليل المصمم, 1988

إعادة التأهيل: هي إعادة الأشياء لما كانت عليه في السابق.

القاحلة: في الأراضي المتضررة وذات الجودة المنخفضة

العمل مع الطبيعة

إن التعرف على الطريقة التي تعمل بها الطبيعة هي الخطوة الاولى في العمل مع الطبيعة. وباستخدام الطرق الطبيعية نستطيع استهلاك مقدار أقل من الطاقة لإنجاز وتحقيق أهدافنا وبذلك تعود بالنفع على الأرض أيضاً. كما أننا عندما نسمح بتواجد الحشرات النافعة والفطريات والأعشاب، فإننا لا نرفض فقط استخدام المبيدات الحشرية ومبيدات الفطريات والأعشاب، إنما نوضح أننا موافقون للعمل مع الأنظمة الطبيعية. جميع هذه العناصر هي الحاسمة في أي نظام بيئي مزدهر حيث أنها ضرورية لصحة البيئة والغذاء والناس.

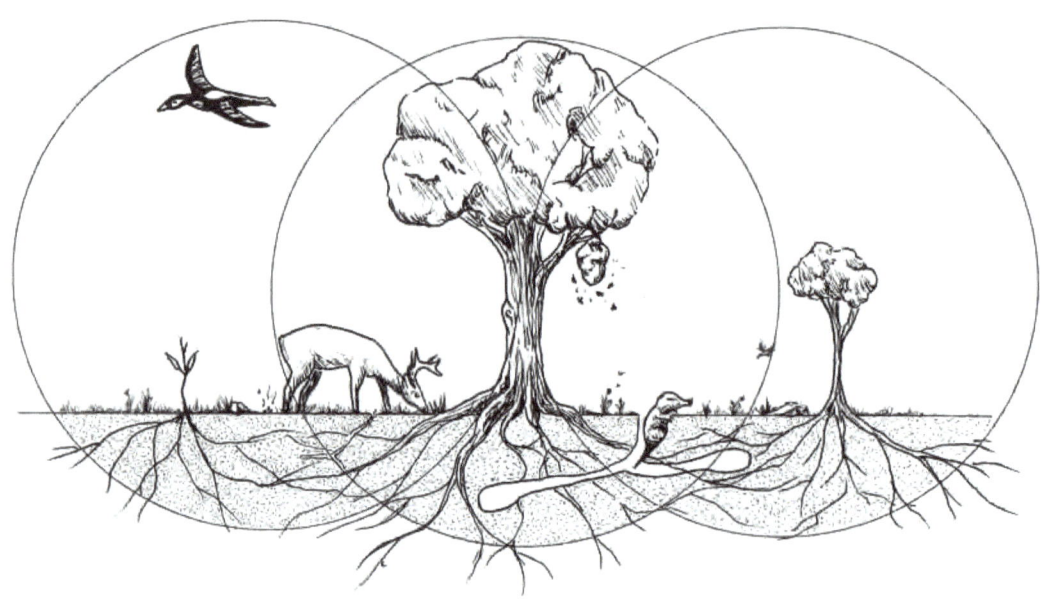

كل شيء في الحديقة

يجب على المدخلات والمخرجات في النظم البيئية المتوازنة لكل عنصر أن تعمل على دعم وتعزيز البيئة. على سبيل المثال يقوم الخلد ودودة الأرض بالعمل على تهوية التربة. كما تعمل الطيور والماشية على نثر البذور وتخصيب التربة. ويعمل كل من نبات البيقة والبرسيم والبقول على إصلاح التربة والعناية بها. من جانب آخر تشير الأعشاب إلى العناصر المفقودة من التربة لأن كل نوع من الأعشاب يجلب المواد الغذائية والمعدنية التي يحتاجها النظام البيئي. المناطق الطبيعية القاحلة تحاول دوماً إعادة ترميم وتأسيس نفسها، لتدب الحياة فيها من جديد إذا أردنا الاستفادة من الحدائق الطبيعية، وبذلك نقوم بعمل التغيرات السريعة والقوية والإيجابية في البيئة.

التهوية: هي إضافة الهواء للتربة

البقوليات: النباتات من فصيلة الفول والبازيلاء، تعمل هذه النباتات على تثبيت النيتروجين. وتعتبر عناصر حاسمة لجميع الغابات والحدائق الغذائية ضمن الزراعة المعمرة.

القاحلة: الأرض المنخفضة الجودة والتي لا تقدر على القيام بوظائفها.

قم بعمل كل التغيرات بأقصى درجات الجهد

تعد أفضل التصاميم هي تلك التي تعمل على إيجاد التوازن بين المدخلات والمخرجات. فالتصميم الجيد يجب أن يستخدم أقل كمية ممكنة من الطاقة المتاحة لتحقيق أقصى درجات النجاح والفائدة. على سبيل المثال، من أجل منع تجمع الصقيع، فإن إزالة فروع الأشجار المنخفضة بدلاً من الشجرة كلها يسمح للهواء البارد بالتسرب بدلاً من الحصر. في أستراليا، إذا قمت بعزل السقف الخاص بك، فإنك سوف تحصل على 40% خصم على أسعار التدفئة والتبريد.

سد خشبي بسيط يعمل بشكل جزئي على إعادة مسار جدول المياه أو مجرى المياه لري الأسرة الزراعية لتحقيق أكبر فائدة ممكنة.

جيب الصقيع: هي المنطقة التي تقع في مهب الهواء وتكون باردة جداً في جوف الظل.

الزراعة التقليدية؟ الزراعة العضوية؟ الغذاء المستدام؟

هناك الكثير من الغموض حول معنى العضوية وتحديدها. معظم لناس يعتقدون أن كلمة العضوية تعنى أن لا وجود للمواد الكيميائية بها أو الكائنات المعدلة وراثياً. في حين أن تلك هي الأفكار الرئيسية وراء هذه الأنظمة، إلا أنها أكثر تعقيداً مما تبدو عليه، الزراعة العضوية تمتلك العديد من القوانين والقواعد المختلفة لكل نوع من أنواع الزراعة المختلفة. ففي الولايات المتحدة الأمريكية فإن مصطلح " العضوية" يشير إلى شهادة إدارة الأغذية والعقاقير والتي تتحكم بالطريقة التي يتم بها نمو الغذاء في مزرعة محكمة وتحت السيطرة على الرغم من عدم وجود أي مؤشرات تدل على درجة صحة الغذاء. لاحظ أيضاً أنه بإمكان أي شخص تنفيذ الزراعة العضوية بدون استخدام المواد الكيميائية، مع عدم الحاجة إلى شهادة لفعل ذلك.

بعض أنواع الزراعة التجارية لا تتمتع بالفهم الصحيح لمعنى الزراعة العضوية. بينما في أنظمة الزراعة المعمرة فإنه يتم تشجيع المواد المغذية الطبيعية للقيام بمهمتها في الزراعة. إن الغذاء المستدام أو الغذاء الذي ينتج من أنظمة الزراعة المعمرة، بازدياد الصحة عاماً بعد عام بسبب تحسن التربة المستمر. أما بالنسبة للمواد الغذائية الصناعية فإنه يتم فيها استخدام المواد الكيميائية الصناعية الغير طبيعية وتصنيعها عبر عمليات غير أخلاقية. على النقيض فإن الزراعة المعمرة تحاكي الطبيعة وتستطيع أن تثبت تفوقها الغذائي.تصنف بعض الأطعمة على أنها تحتوي على السوائل والعصارة لذلك تستخدم هذه الأنواع لعمل العصائر بحيث يمكن مزجها مع النشا أو السكر. تشير مستويات النشا على مدى نجاح عملية البناء الضوئي للنبات، وعلى مدى فعالية تبديل المواد المغذية مع الاحياء الدقيقة وما مدى كثافة هذه المغذيات بشكل عام. إلى جانب العناصر والقيمة الغذائية, فإن مذاق الأطعمة في الأنظمة المستوحاة من الزراعة المعمرة قد اختبرت من قبل أمهر الطهاة وقد أبدوا إعجابهم التام بها وأظهروا اعتزازهم بأولئك المزارعين.

المرشات (المبيدات) الكيميائية: هي المخصبات الكيميائية ومبيدات الفطريات ومبيدات الأعشاب والمبيدات الحشرية .

الكائنات المعدلة وراثياً: هي كل كائن حي يتم تعديل جيناته باستخدام فيروس تحور الجين أو المرض وذلك لإدخال الحمض النووي الغريب من كائن حي لجين كائن حي آخر، ويتم تنفيذها عادةً بين الأنواع المختلفة

أف دي أي: إدارة الغذاء والدواء، وهو فرع تنظيمي للحكومة الإتحادية في الولايات المتحدة الأمريكية

الشهادة: هي تأكيد أو اعتراف من قبل الهيئة التنظيمية للجودة والخصائص

المعايير: هي قوانين وقواعد السلو ك

جهاز البرفاكتومتر: هو جهاز يستخدم لاختبار السوائل عن طريق انكسار الضوء لمستويات السكر والنشا المستخدمة بشكل كبير في عمليات صناعة العسل التجاري والنبيذ والعصائر .

-- : هي المنطقة التي توجد أسفل سطح التربة والتي تنمو فيها الجذور.

المشاكل الرئيسية العالمية

ندرة المياه: تعتبر ندرة المياه وتزايد الجفاف مشكلة تهدد الانتاج الغذائي العالمي في كل مكان في حين تقوم الحكومات والشركات والأفراد بضخ المياه الجوفية بشكل لا يسمح لها بإعادة تشكيل المياه لا في عصرنا هذا ولا في المستقبل لأولادنا. بالإضافة إلى ذلك فإن الاحتياجات الصناعية للمياه ما زالت في ازدياد مستمر لذلك يتم البحث دوماً عن مصادر المياه الطبيعية والنظيفة التي تلبي حاجات الصناعة قبل أن تلبي حاجات الطبيعة والأجيال القادمة. فالعالم اليوم يعاني من ندرة مصادر مياه الشرب الطبيعية الغير ملوثة، لذلك نحن نحتاج إلى اعتبار مياه الشرب أثمن ما في الوجود وتضاهي جميع المعادن في المكانة والأهمية.

تدهور التربة: تعتبر التربة المصدر الرئيس لكل أشكال الحياة في البيئات التي يتواجد بها الإنسان وجميع الكائنات الأخرى. تتمتع التربة الخصبة التي تطل على المحيطات باختلاف أنواعها. تتآكل التربة الجيدة المتواجدة حول العام بشكل سريع كل عام, على سبيل المثال، تم فقدان ما يقارب نصف هذه التربة في السنوات ال 150 الماضية, وقد ساهم بحدوث ذلك الكثير من العوامل مثل: الممارسات الزراعية الخاطئة, وعدم فهم علوم التربة، ومتطلبات السوق العالمي, وتغير المناخ, كل هذا وأكثر قد أسهم في فقدان التربة. بالنسبة لنا فإن حل هذه المشكلة أهم بكثير من أسبابها. لذلك تقوم الزراعة المعمرة ببناء التربة عن طريق محاكاة العمليات التي تقوم بها الطبيعة.

إزالة الغابات: عندما تتم إزالة الغابات تصبح التربة معرضة لهبوب الرياح وهطول الأمطار. كما يتم فقدان الموائل الضرورية للكائنات الحية, مما يسبب انقراض العديد من أنواع وأصناف الكائنات الحية وفي بعض الأحيان انقراض النظام البيئي نفسه. تتمثل وظيفة الغابات في تنقية الهواء والماء, كما تزودنا بالمواد الغذائية والثروة الحيوانية التي تدعم الكثافة السكانية وتلبي متطلباتها. وبالتالي فإن عدم تواجد الغابات سيكلف الإنسان الكثير من المال والجهد للقيام بهذه الوظائف جمعاء. إذا تم إنتاج كل ما نحتاجه محلياً بطريقة مستدامة فلا حاجة بعدها لقطع وإزالة الغابات. تصاميم الزراعة المعمرة تساعدنا على بناء الغابات التي تدوم قروناً طويلة وحتى آلاف السنين من خلال مراقبة ومحاكاة الأنماط والأنظمة الطبيعية.

التلوث: يعتبر التلوث من المشاكل الخطيرة المتنامية على الرغم من أنه يمكن التغلب عليها. إن معظم المهملات التي تبقى عند حرق الوقود الأحفوري يمكن أن تعاد مرة أخرى لتتداخل مع السماد. حتى النفايات المشعة يمكن التخلص منها بواسطة الفطريات. تشكل مخلفات الإنسان مشكلة كبيرة لأنها تسبب تلوث الهواء والماء والتربة. من جهة أخرى يعتبر التلوث مشكلة تصميمية أو سوء إدارة الإنسان للموارد والمصادر المتاحة. يمكن لهذه القمامة والمخلفات أن يتم إعادتها إلى دورة الطبيعة طالما أننا لا ننتج المواد التي لا يتم تدويرها(على سبيل المثال مادة دي دي تي). يجب علينا أن نقاطع و نرفض استخدام المواد الكيميائية الخطيرة مثل العامل البرتقالي ومبيد الحشرات دي دي تي. يجب إعادة تدوير جميع القمامة التي نخلفها في أنظمة الزراعة المعمرة، وكل موقع يجب أن يكون مسؤولاً عن القمامة التي يخلفها.

> **السلبية**: هي العمل بدون تحفيز
> **الخاملة**: الغير فاعلة والغير مضرة
> **الزيادة**: ما هو أكثر من ما يستطيع النظام استخدامه
> **دي دي تي**: مبيد الآفات---

14

الفصل الثاني

الطبيعة

سلوكيات الطبيعة

التنوع

يعرف التنوع على أنه كمية الأنواع الموجودة في النظام البيئي كما هو الحال في التنوع البيولوجي وتنوع الحياة في الأنظمة البيئية. كلما زاد التفاعل في النظام، كلما كان أكثر مرونة واستقراراً. وكلما زاد التفاعل بين عناصر النظام البيئي، كلما زادت استقراراً. تتميز النظم المستدامة بتراكم المواد التي تزيد الخصوبة، وتؤدي زيادة الخصوبة إلى إثراء وتنوع النظم البيئية على مر السنين.

تعتبر الأنظمة البيئية أنظمة معقدة، ترتبط هذه الأنظمة وتعتمد على الطرق التي يمكننا فهمها. بحيث تمتلك هيكلاً خاصاً بها وتتمثل وظيفتها بأنها تعمل على الحفاظ على الحياة بكافة جوانبها بطريقة صحية على سبيل المثال: تنقية المياه، وبناء التربة، والحفاظ على خصوبة النباتات والحيوانات، والحفاظ على نوعية المياه واستقرار المناخ.

-روزماري مورو

تعتمد الأنظمة الحياتية على التنوع والاستدامة من خلاله

> **التراكم:** هو جمع الكميات المتزايدة من شيء ما.
> **الخصوبة:** كل الإمكانيات المتاحة للحياة

عندما تبدأ البقوليات بالنمو في منطقة ذات خصوبة وتنوع منخفضتين، فإنها تبدأ بسلسلة من ردود الأفعال. تغطي أوراقها التربة وتعمل على تغذيتها عند التحلل. تبدأ بذورها بالانتشار بين الأشجار وخلق الظل بينها. كل أنواع البقوليات تعمل على تثبيت عنصر النيتروجين في التربة وذلك باستخدام العقد الجذرية التي تتفاعل مع البكتيريا الموجودة في التربة، بحيث يعمل كل جزء من النبات على إعادة النيتروجين للتربة مما يؤدي إلى زيادة نسبة الخصوبة. وبينما تعمل أوراق النباتات على تخصيب التربة وتعمل الأشجار على تكوين منطقة الظل، فإنه يتم أيضاً الاحتفاظ بالمياه، وتوفير الغذاء للحيوانات، وتغذية محللات التربة، كما وتعمل على زيادة خصوبة التربة وتنوع مظاهر الحياة فيها.

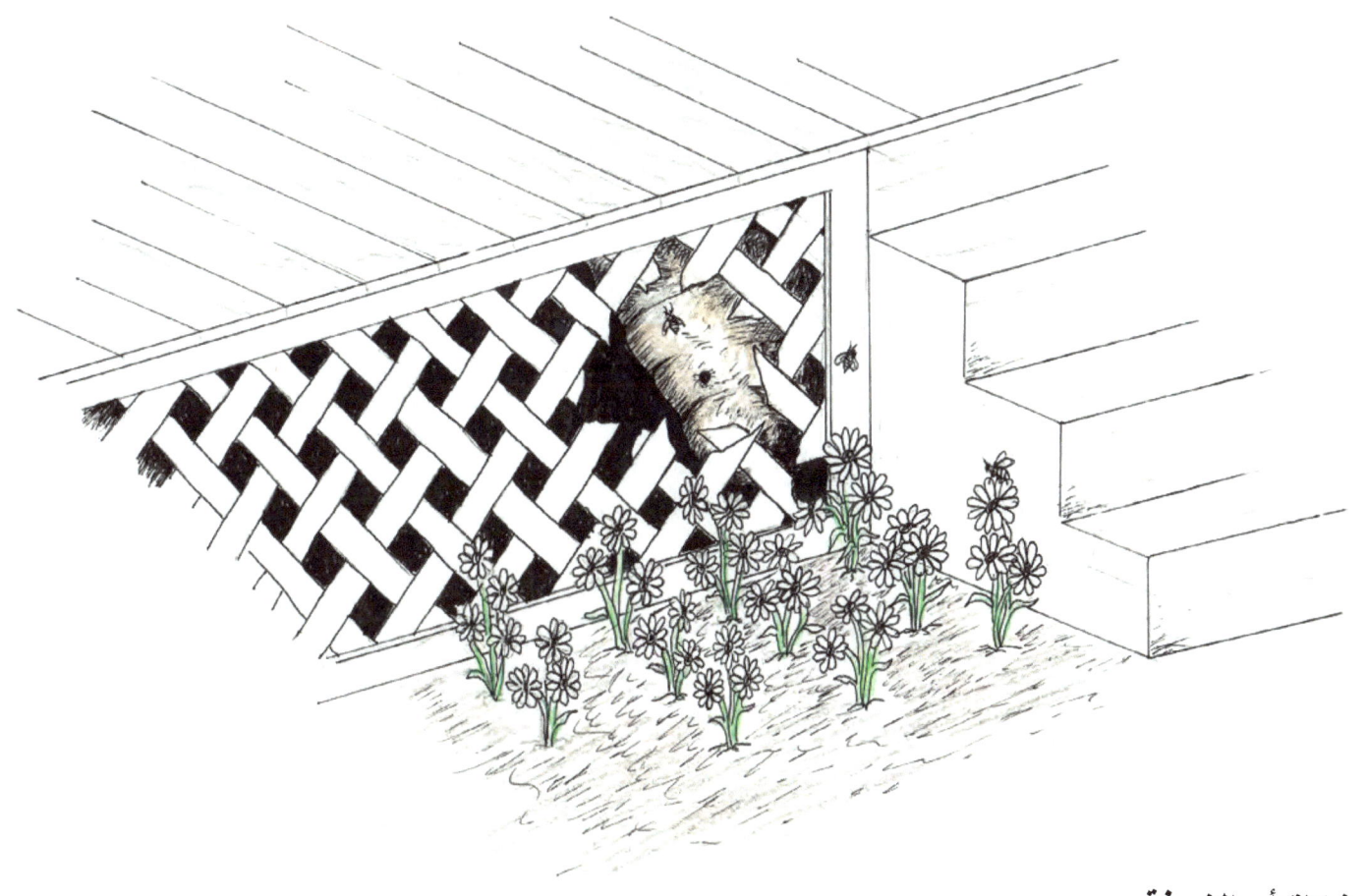

المشكاة أو الشرفة

الشرفات عبارة عن أدوار أو فتحات في النظم البيئية المتنوعة. يمكن أن تمثل أي شكل من أشكال الحياة التي تؤدي دورها الوظيفي في النظام البيئي. تقوم الزراعة المعمرة على ملء هذه المنافذ حسب التصميم المناسب لنمط الحياة. إن الكسر في الشرفة الأمامية يمكن أن يمثل مشكلة لصاحب المنزل، أما بالنسبة للنحل فإنه قد يكون المكان المناسب للبقاء بجانب الحديقة.

الدورات: الشرفات في وقتها المناسب

الدورات هي عبارة عن الأنماط التي تعمل على مراحل مع مرور الوقت. كل مرحلة تبنى تاركة المجال للتي تليها. فليس هناك نقطة بداية أو نهاية، إنما هي متواصلة ومستمرة. لا يعتبر حجم الدائرة عاملاً مهماً لأنها يمكن أن تحدث مجهرياً في داخل الخلية أو داخل الغلاف الجوي العالمي. من واجبنا كمصممين أن نعمل على دعم وتعزيز الدورات الطبيعية في النظم البيئية والعالم أجمع. تعمل الدورات الطبيعية على منع تراكم النفايات، بحيث أن النفايات التي تنتج من مرحلة ما تكون هي المصدر للمرحلة التي تليها، على سبيل المثال: العشب الذي تأكله الأبقار يرجع إلى الأرض على شكل سماد ويتم نشره بواسطة الدجاج ثم ينمو ليعود عشب من جديد.

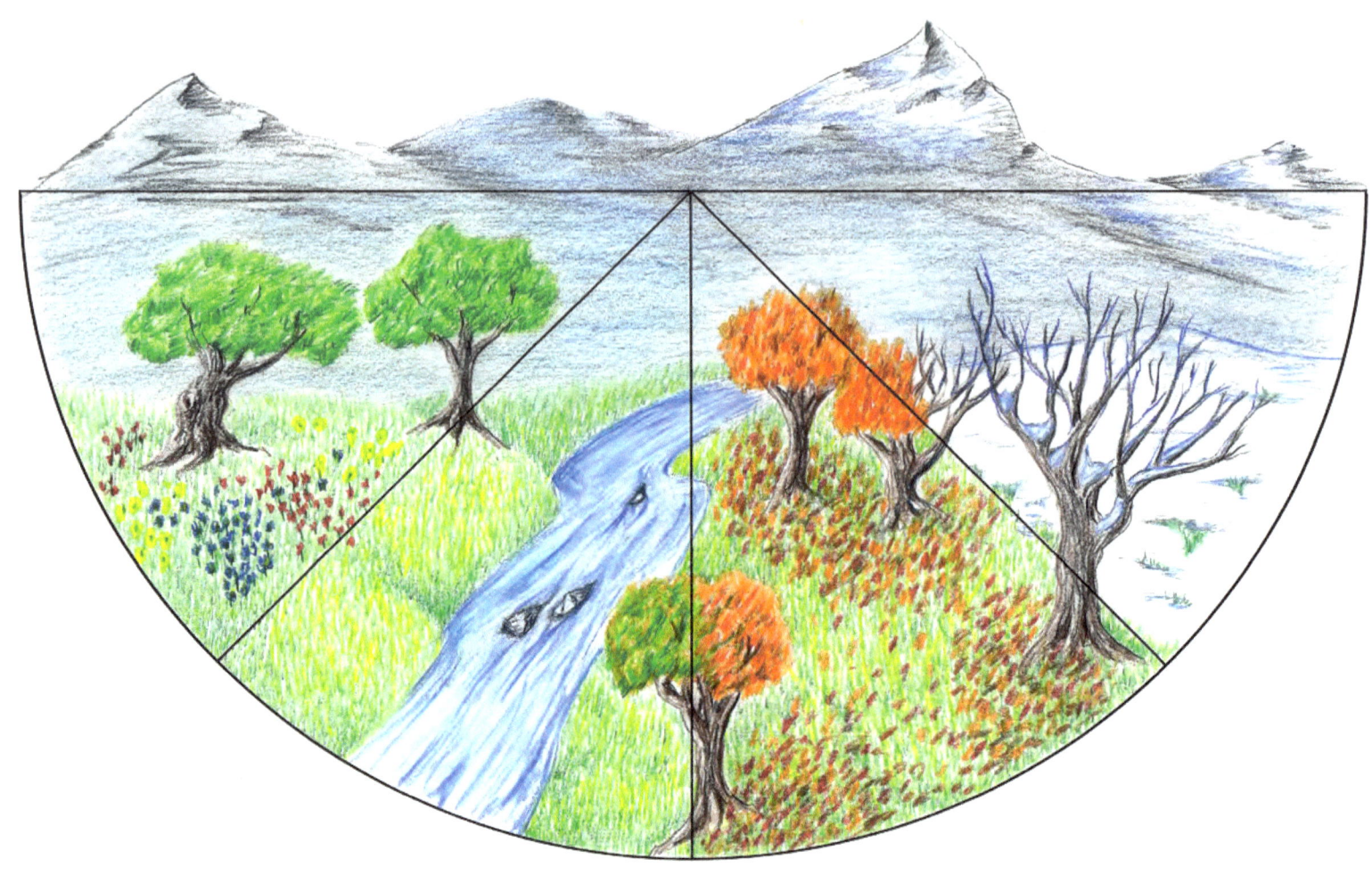

تتراكم الثلوج في فصل الشتاء وتعود لتذوب في فصل الربيع مكونة جداول المياه التي تغذي النباتات الجديدة كل عام. هذه الدورة تمثل دورة نظام المناخ المعتدل البارد. يؤدي تساقط أوراق الأشجار على تكون طبقة سميكة من السماد التي تحمي جذور النباتات والبذور من الثلوج. إن نشارة السماد المكونة في فصل الشتاء تصبح وقود أحفوري في فصل الربيع.

الأسمدة: هي المواد العضوية التي تتحلل من أوراق الأشجار واللحاء وبقايا النباتات التي تغطي سطح التربة وتعمل على الحفاظ عليها.

18

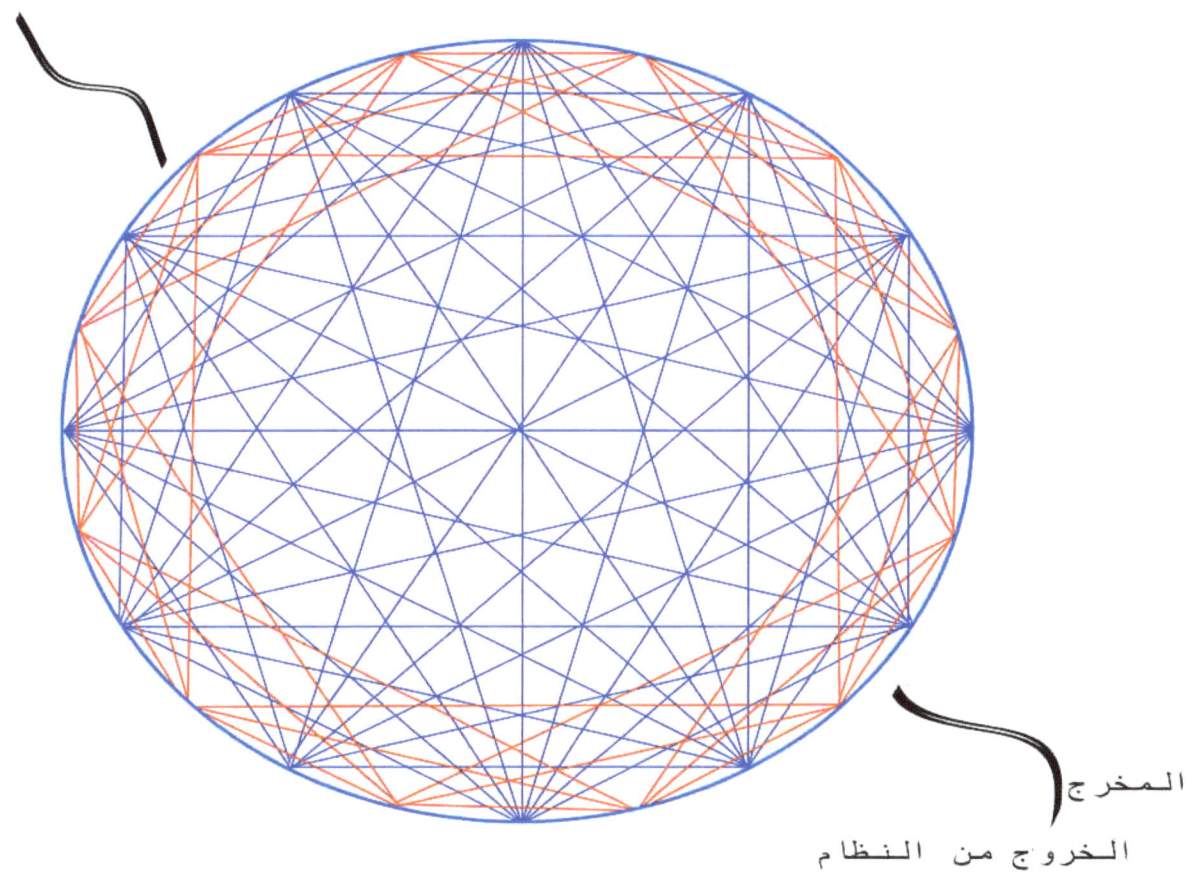

شبكة الحياة

في النظام البيئي الصحي تدخل الطاقة والمياه والمخصبات من خلال مصادر ودورات الطبيعة في البيئة. من الممكن أن يشمل هذا الحيوانات والنباتات والتربة وحتى الغلاف الجوي. يتفاعل كل عنصر من هذه العناصر ويتشارك بحيث يعيد كل منهم تدوير العناصر الغذائية والطاقة. تعمل تصاميم الزراعة المعمرة للمواقع على تدوير الطاقة والمخصبات والمواد المغذية بشكل لا نهائي.

يمكن للغابات أن تدوم لآلاف السنين

دورة المياه العالمية

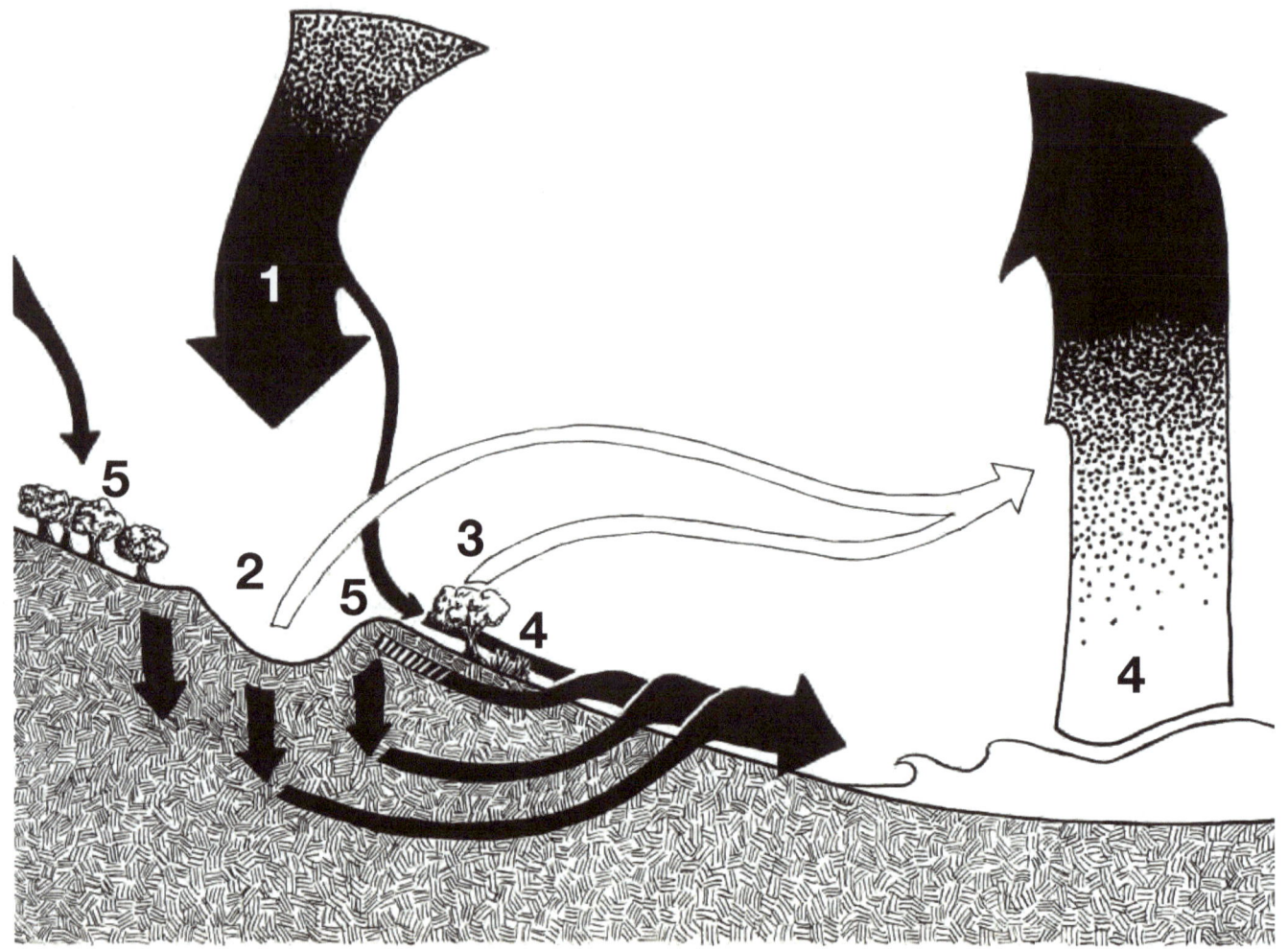

1) **الهطول:** هو أي شكل من أشكال المياه التي تسقط على الأرض من الغلاف الجوي

2) **التبخر:** هي عملية تبريد المياه وتحويلها من سائل إلى غاز. هذه مشكلة خاصة مع التبخر من التربة.

3) **النتح:** عملية فسيولوجية يتم خلالها تحريك المياه الموجود في النباتات وتبخرها من خلال الأوراق و الجذوع والأغصان.

4) **التبخر:** حركة المياه التي تسبب فقد المياه والتي تحول عندها المياه المتبخرة إلى غاز مما يؤدي إلى تشكل السحاب.

5) **التكثيف:** عملية التسخين التي تحدث عندما يتجمع بخار المياه على أي سطح على الأرض بسبب تحولها من الحالة الغازية إلى الحالة السائلة. نستطيع بهذه الطريقة الحصول على المياه.

يوجد أيضاً دورة داخل دورة. مياه الأمطار يتم امتصاصها من قبل التربة ثم تمتصها النباتات التي بدورها يأكلها الحيوانات التي ستتبول في التربة والتي تغذي نباتات أخرى, حيث تؤكل هذه النباتات من قبل المن والذي تأكله الطيور, هذه الطيور تتبرز تحت النباتات, وتأخذ النباتات هذه المغذيات والأسمدة في جذورها داخل التربة, وهكذا. وأخيراً تترك النظام من خلال التبخر أو الانضمام لمصدر طاقة أكبر. تنزل المياه إلى أسفل باستمرار نحو سطح البحر، ولكن عند وصول المياه إلى الأراضي المنبسطة فإنها تعود من جديد لتتخلل التربة.

عناصر الطبيعة

الشمس

تعتبر الشمس المصدر الرئيس لجميع أشكال الطاقة وأنواعها. كما أنها تمد كوكبنا وكل العمليات الطبيعية بكل القوى والطاقة الممكنة بشكل مباشر أو غير مباشر.

تمدنا الشمس بالطاقة من خلال الغلاف الجوي. يدور كوكبنا حول الشمس، كما أننا ندور على محور الأرض. تؤثر الشمس على كيفية نمو النباتات وسلوك الطبيعة كما أنها توفر الحالات التي لا تحتاج إلى الشمس في وجودها.

الماء كل الحياة

تحتاج الأنظمة الحياتية للماء وذلك لتحافظ على بقائها على قيد الحياة

يحتاج البدء في تصميم موقع للزراعة المعمرة إلى تحليل كمية المياه الموجودة في هذا الموقع، ومعرفة نسبة هطول الأمطار عليه، وما هي أوقات السنة التي تتوافر فيها المياه.

تربية الأحياء المائية

الأنظمة الحياتية الغنية بالمياه توفر الغذاء على الدوام، أكثر من أي نظام قائم على الأرض.

مصدر الطاقة

تعتبر المياه من مصادر الطاقة الكامنة والتي دائماً ما تشكل مصدر طاقة لكلاً من الأنظمة الطبيعية والبشرية. إن تخزين المياه بأعلى مستوى ممكن في الأرض يضمن توفير أكبر قدر من الطاقة الكامنة. تعتبر هذه طاقة كامنة لأن الأجسام السلبية للمياه لا توفر الطاقة للاستخدام البشري دون التدخل البشري أو العمليات الطبيعية.

تتمثل مهمتنا في إعادة تعبئة آبار المياه الجوفية التي تنضب، وذلك لاستعادة تجمعات المياه التي دمرت أو تمت إزالتها, وأيضاً لتنظيف الأنهار وجداول المياه من السموم والشوائب الموجودة فيهم.

الرياح

تعتبر الرياح من الظاهر المذهلة على الرغم من عدم ظهورها لنا بشكل واضح. تؤدي الرياح العديد من الوظائف الهامة منها حمل الطمي والبذور والمواد المغذية والآفات وتجلب الطيور من أماكن عدة بعيدة. كما أنها تمنع الأمراض الفطرية، و تسبب تنحيف الأشجار --. كما يتم استخدام طاقة الرياح وتحويلها لطاقة كهربية، تعمل الغابات الكثيفة ومصدات الرياح على إبطاء حركة الرياح. كما يمكن أن تحول إلى قوة مدمرة إذا لم يصمم الموقع الزراعي بشكل جيد.

التربة

تعتبر التربة هي النظام الحيوي الأكبر والأكثر تنوعاً وتعقيداً. وتعرف بأنها النظام الأقل مساحة من الفضاء. تم انضمام علم التربة مؤخراً إلى باقي العلوم البيئية. التربة الصحية تنتج لنا نباتات صحية. كما أن النباتات الصحية توفر لنا المياه النظيفة والهواء النقي والأغذية الوفيرة. يعتبر الكربون العضوي العنصر الأساسي لكل أشكال الحياة في الأنظمة البيئية، لكن النباتات والحيوانات تحتاج أيضاً التوازن الصحيح للعناصر الغذائية الموجودة في التربة. إن وجود التنوع الكبير في العناصر العضوية يوفر للبيئة كل ما تحتاجه من العناصر الغذائية.

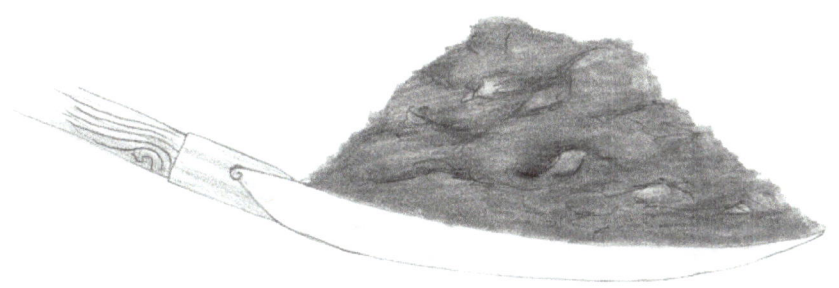

العناصر الغذائية الرئيسية: النيتروجين، الفسفور، البوتاسيوم.
العناصر الغذائية الثانوية: الكالسيوم، المغنيسيوم، الكبريت
العناصر الغذائية الدقيقة: البورون، النحاس، الحديد، الكلور، المنغنيز، المولدينيوم، والزنك

تحتوي التربة على الملايين من العناصر مثل البكتيريا، والفطريات، والديدان الخيطية، والطفيليات، والكثير غيرها. كما أن التربة تحتوي على المياه والهواء التي تحتاجها الكائنات الموجودة في التربة للبقاء على قيد الحياة. يمكن رؤية ودراسة هذه الكائنات باستخدام المجهر. تعمل أنشطة هذه الكائنات على الاحتفاظ بالمياه وتوفير المواد المغذية للنباتات.
تحتوي النباتات على نسبة من الفطريات والبكتيريا. فالنباتات الحولية والخضروات والأعشاب تفضل التربة التي تسيطر عليها البكتيريا. أما بالنسبة للنباتات المعمرة والأشجار والشجيرات فإنها تفضل التربة التي تهيمن عليها الفطريات كل الغابات القديمة تفضل الغابات التي تسيطر عليها الفطريات.

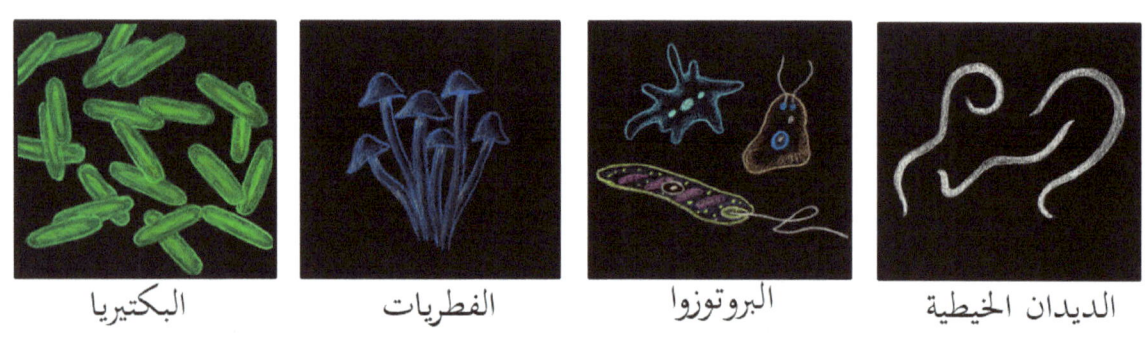

الديدان الخيطية

البروتوزوا

الفطريات

البكتيريا

إعادة المواد العضوية للتربة هي الطريق الوحيد للحفاظ على خصوبة التربة. المبيدات الحشرية ومبيدات الأعشاب تدمر صحة التربة التي تنتج الغذاء الصحي. المخصبات هي العناصر الغذائية الأساسية التي تفتقر للكربون العضوي، والعناصر الغذائية الثانوية والدقيقة.
في الطبيعة الخالية من العوائق يتم تكوين التربة من خلال مجموعة من العوامل المجتمعة مثل:
الأحوال والعوامل الجوية، وتحلل المواد الكيميائية والطبيعية وتفتتها. ومنها العمليات الفيزيائية التي يقوم بها نهر جليدي وتأثيره على الصخور، وتأثير المياه على الأحجار، وتأثير الرياح على الأنهار، جميع هذه الأمثلة توضح لنا أثر الأحوال والمتغيرات الجوية على تكوين التربة. من ناحية أخرى تعمل الفطريات على تفتت الصخور وتحلل الأجزاء المعقدة من المواد العضوية, بينما تعمل البكتيريا على تحلل الأجزاء البسيطة الغير معقدة من المواد العضوية مثل السكريات البسيطة. تعمل الفطريات على جعل التربة حمضية بينما تعمل البكتيريا على جعلها أكثر قلوية. المكونات الخمسة الاساسية للتربة هي الطين والرمل والطمي والمواد العضوية والكائنات الحية. أما أنواع التربة فهي تربة بيولوجية، تربة فطرية، تربة معدنية، وتربة بكتيرية.

> **المبيدات:** هي المادة التي تقتل الكائنات الحية، عادةً ما تكون مصنوعة من المواد الكيميائية التي تستمر لعدة سنوات في البيئة.
> **الأعشاب:** يستخدم كمبيد بيولوجي للنباتات الغير مرغوب بها.
> **المبيدات:** المبيدات البيولوجية التي تستخدم للقضاء على الحشرات وحماية النباتات الضعيفة.
> **التجوية:** هي العوامل الطبيعية والفيزيائية التي تعمل على تفتيت الصخور وغيرها من العناصر في التربة

الشبكة الغذائية للتربة

الشبكة الغذائية للتربة هي خربطة تبين الترابط بين مكونات التربة ودورات الحياة التي تحدث بها. يحدث التوازن في الشبكة الغذائية للتربة عندما تتنوع كلاً من البكتيريا والفطريات, وعندما تكون المواد العضوية متاحة للجميع, لأن كل المستويات الأخرى من الكائنات الحية تحتاج لتلك العناصر كي تنمو وتزدهر. عندما تكون كل مستويات الشبكة الغذائية للتربة فعالة ونشطة فإنها تعمل على تعدين كل المواد المغذية الغير قابلة للذوبان، تعمل الشبكة الغذائية للتربة على تغذية النباتات, وتكوين بنية التربة والاحتفاظ بالمواد بالرطوبة والمواد الغذائية. حياة التربة هي مفتاح خصوبة التربة.

لا يمكن أن تكون التربة بدون حياة. ايلين انجهام

ممزق المفصليات
طائر
فطريات
ممزق المفصليات
الواد العضوية
مغذيات الجذور
ديدان خيطية
البروتوزوا
البروتوزوا
بكتيريا
حيوان اكل للحشرات
WHEMING

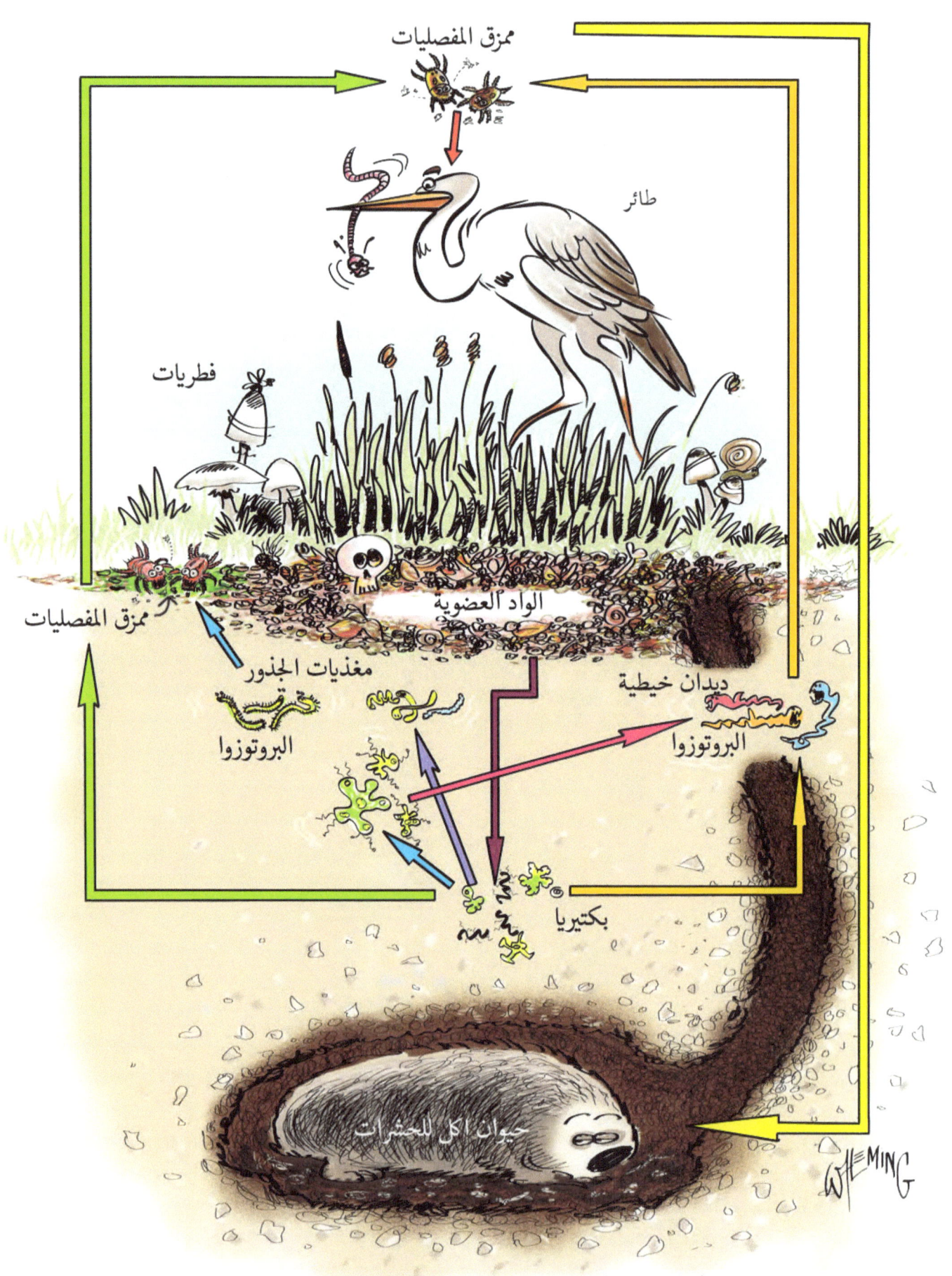

الفطريات

تعتبر الفطريات من العناصر الأساسية للكثير من دورات الحياة، والتربة. تعمل الفطريات على تحلل المواد العضوية والمعادن في الظروف الطبيعية الهوائية، كما تعمل على انتشار الأمراض في ظل نضوب الأكسجين، وأيضاً تعمل على إنشاء شبكة لتبادل المواد المغذية والعناصر الأخرى في التربة. من الوظائف الأخرى التي تقوم بها الفطريات أنها تعمل على تحلل ألياف اللجنين في الأخشاب، وتساعد على نمو الأشجار التي تنمو في ظل هيمنة الفطريات على التربة

بعض أنواع الفطريات --- تعمل مع جذور النباتات لنقل العناصر الغذائية من التربة للكائنات العضوية وذلك لنضح النبات تستهلك تلك المنضحات والإفرازات من قبل الفطريات والبكتيريا. تتغذى الديدان الخيطية والمواد العلفية والبروتوزا على الفطريات والبكتيريا، كما أنها تفرز العناصر الغذائية في التربة بشكل نفايات. تعمل هذه الإفرازات على جذب البكتيريا والفطريات والتي بدورها تجذب الديدان والطفيليات التي تتغذى على النباتات ونفاياتها. الإفرازات النباتية تعمل على جذب الديدان الخيطية والبروتوزا التي تحتاجها لتزويد بالطعام الذي تحتاجه لتزدهر. وبدون شبكة الخيوط الفطرية الواقية حول النباتات، فإنها لن تكون في مأمن من الديدان الخيطية التي تتغذى على جذور النباتات والعناصر الموجودة في التربة. كما أن النباتات لن تكون قادرة على إنتاج الإفرازات التي تجذب البكتيريا والفطريات المناسبة.

هيمنة الفطريات على التربة مهمة جداً للنمو المستدام على المدى البعيد، جميع الغابات القديمة كانت تنمو في التربة التي تسيطر عليها الفطريات.

الخيوط: هي العناصر الفطرية الطويلة التي تشبه فروع الأشجار.
الإفرازات: معظمها تكون من الكربوهيدرات (النشويات والسكريات) وبعض البروتين.
الديدان الخيطية: تشبه الدودة، وهي الكائنات المجهرية متعددة الخلايا التي تتغذى على الفطريات والبكتيريا.
البروتوزا: كائن مجهري وحيد الخلايا يتغذى على الفطريات والبكتيريا.

عندما تعمل الفطريات على تحلل الأشجار , فإن الأشجار تسمى بانكي

يعد نبات الفطر من الفطريات الهامة . هناك العديد من أنواع الفطر السامة التي لا تصلح للأكل، لكن هناك العديد من أنواع الفطر الشهية والمغذية. في بعض الأحيان يكون من الصعب علينا التمييز بين الفطر السام والفطر الصالح للأكل لأن العديد منها متشابهة في الشكل. إن تناول الفطر البري يمكن أن يكون غير صحي وخطير حتى لو مخزنة ومعلبة للشراء. التعلم من ذوي الخبرة في أنواع الفطر أمر بالغ الأهمية.

لا وجود للغابات بدون فطريا ت

تبدو الفطريات مثل غزل الفطر وهي شبكة اتصال في التربة مع الخيوط المحيطة بها. هذه الشبكات يمكن أن تمتد لأميال طويلة. تعتبر هذه الخيوط كمسارات لتوصيل العناصر الغذائية والنشويات للنباتات. إن الأشجار التي تهاجمها الحشرات تتصل بشبكة الخيوط الفطرية والأشجار الأخرى من على بعد أميال بحيث تبدأ بمقاومة هذه الحشرات.

> يقول بول ستاميتس أن الفطريات هي كائنات وسطية بين الحياة والموت.
> **الأفطورة:** هي عبارة عن جسم الفطر والمكون الرئيس له.
> **المقاومة:** هي القدرة على التغلب على عنصر خارجي غريب مضر

الأشجار

لقد اعتمد البشر على الأشجار دوماً، وذلك لأن الأشجار تمدنا بالغذاء وتعمل على تنقية المياه والهواء، كما أنها توفر لنا الظل, وبناء العناصر الغذائية والسماد والموائل, وتعمل أيضاً كمصدات للرياح، وتعد مصدراً مهماً للألياف، بالإضافة إلى استخداماتها في الأغراض الطبية وأكثر من ذلك. بدون الأشجار لن يكون هناك تنوع في النباتات والحيوانات والمعادن والمصادر الضرورية لدعم الحياة البشرية. يرتبط الإنسان مع الأشجار بعلاقة تكافلية.

تتفاعل الأشجار مع كل مستوى من مستويات البيئة

> **الموئل:** هي البيئة المعيشية للكائن الحي
> **التكافلية:** المترابطة

الأشجار والرياح

تعود الأشجار على الرياح بفوائد عظيمة علينا مثل أنها تعمل على تبريد الرياح الحارة، وتدفئة الرياح الباردة، كما أنها تبطئ حركة الرياح السريعة التي تسبب لها سقوط بعض العناصر الغذائية والجزيئات التي تحملها. تعمل الأشجار على حماية المنطقة المزروعة بها من الرياح السريعة والعاتية.

الأشجار والمياه

تقوم الأشجار خلال عملية النتح بإفساح المجال للمياه أن تعود للغلاف الجوي. وخلال عملية التكاثف تقوم الأشجار بالتقاط المياه من الغلاف الجوي, ومن ثم تقوم جذور الأشجار بامتصاص المياه. تحصل الغابات التي تنمو على قمم الجبال على المياه من خلال رطوبة التربة والهواء.
إن تفاعل الأشجار مع الغلاف الجوي يسبب هطول الأمطار. لذلك إذا تم قطع الغابات الموجودة على قمم الجبال فإن ذلك سيؤدي إلى عدم هطول الأمطار واختفاء الغطاء السكاني منها.

كتاب الزراعة المعمرة المدرسي

طبقات الغابة

إن طبقات الغابة يجب أن تكون ممتلئة وإلا فإن الطبيعة سوف تملأ أي مساحة فارغة في الغابة، وذلك باستخدام ما يسمى "بالأعشاب". من أنواع هذه الطبقات: قمم الأشجار أو مظلة من الأشجار الكبيرة، الأشجار المتواجدة في منطقة ظل الأشجار العالية، والشجيرات والأعشاب والعشبيات الصغيرة (وتوجد غالباً في المناطق الباردة)، غطاء الأرض من زحف النباتات، والكروم العمودية والمتسلقة، أو النباتات التي تنمو من خلال التقسيم تحت سطح التربة مثل الخيزران والجذور. يمكن أن تتكون طبقات الغابة في المناطق المدارية طبقتين من أشجار النخيل.

إذا أدركت الطريقة التي تنمو فيها الغابات، فإنك تستطيع تصميم الغابة الخاصة بك.

الأعشاب

تعتبر الأعشاب أليات الإصلاح في أي نظام زراعي. تقوم الأعشاب بإصلاح الأرض الزراعية وتعمل أيضاً على ملء الفجوات الموجودة بين الطبقات. تظهر الأشجار عميقة الجذور في التربة المتراصة. بينما تظهر شبكة جذور النباتات ذات الشعيرات في التربة الرخوة. وبدلاً من سحب الأعشاب والتخلص منها كما يفعل البعض, فإنه من الأفضل تفتيت هذه الاعشاب وتركها تتراكم على التربة بحيث تشكل طبقة سماد مغذية للتربة. وسيكون ذلك بمثابة دعم للتربة الجديدة أو إصلاح للتربة التي تعاني من نقص العناصر الغذائية. مما يؤدي إلى تسريع العمليات الطبيعية التي تبني التربة.

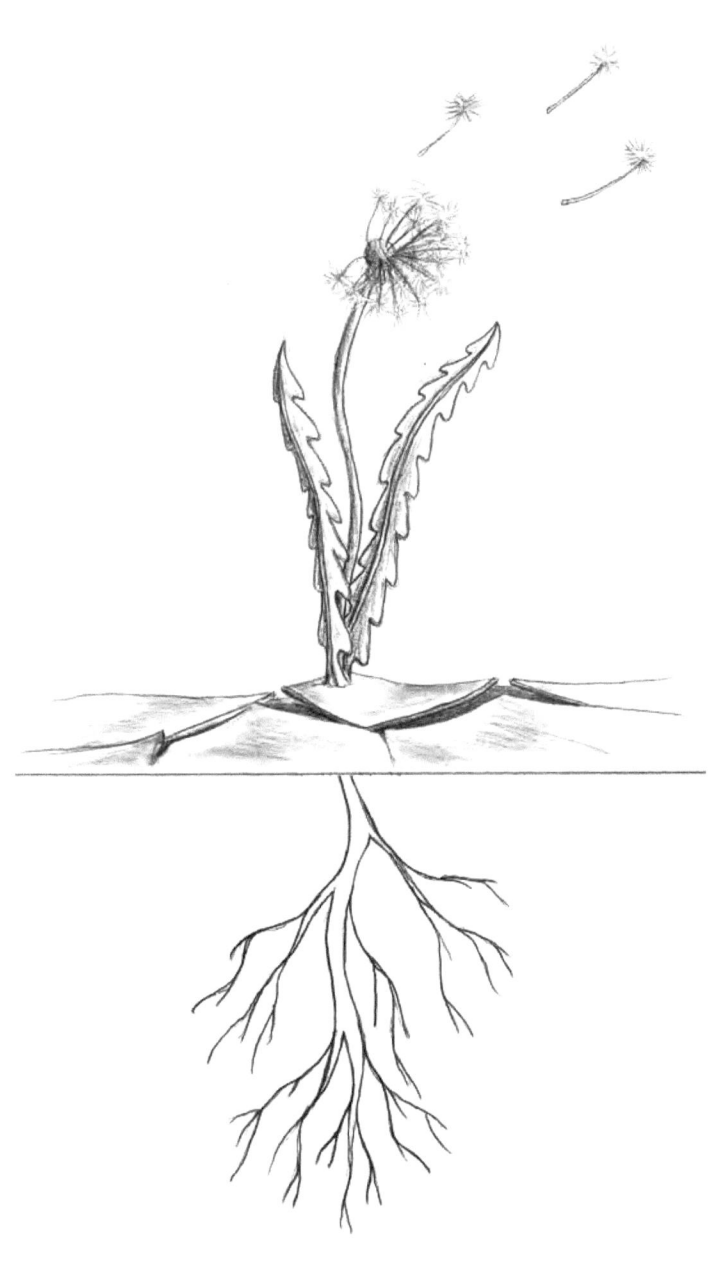

المناخ

مناطق مناخية واسعة

على الرغم من أن كل نظام بيئي على الأرض منفرد ومتميز بنفسه، إلا أن هناك أوجه شبه كثيرة تسمح لنا بتصنيفهم ودراستهم كمناطق مناخية واسعة .

المنطقة المعتدلة: تمتد من المنطقة القطبية إلى منطقة البحر الأبيض المتوسط. تتميز هذه المنطقة بأنها دافئة إلى باردة نسبيا

المنطقة المدارية: تمتد من المنطقة الاستوائية التي تقع بين مدار السرطان ومدار الجدي وتتميز هذه المنطقة بالحرارة والرطوبة .

الأراضي الجافة: منطقة التبحر العالية التي نحدها في كل مكا ن

المنطقة القطبية: تمتد بين القطبين وتتميز بأن بالبرودة الشديدة والتندرا الجافة مع انعدام الشمس الدافئة وانعدام الأشجار

الصفات الرئيسية للمناطق الطبيعية

الرطوبة: تمتاز المناطق التي تقع حول التلال والجبال بنسبة رطوبة عالية.
القاحلة: تمتاز هذه المناطق بانخفاض نسبة الرطوبة، ووجود الرياح القوية ومعدلات التبخر العالية وتواجد المعادن والعناصر الغذائية في الهواء والأرض

الصفات الثانوية للمناظر الطبيعية

البراكين: تتشكل في مناطق التربة القلوية، والمنحدرات الشديدة والسهول الخصبة
الجزيرة المرتفعة: تتميز بأنها نصف رطبة ونصف جافة وتتأثر بمناطق ظل المطر.
الجزيرة المنخفضة: تتميز بمياهها العذبة المتوافرة تحت سطح الأرض
الأراضي الرطبة: تمتاز بتوافر المياه الجوفية بنسبة عالية، وغير مجدية بالنسبة للإنتاج الزراعي
السهول: تمتاز بقوة الرياح تمتاز بانعدام قوة الجاذبية
مصبات الأنهار: تمتاز بتدفق المياه، وظاهرة المد والجزر، وتربية الأحياء المائية البحرية، وتمتاز أيضاً بتوافر العناصر الغذائية
السواحل: تمتاز بالتربة القلوية، والرياح المالحة، والاستنزاف السريع للتربة، ونقص العناصر الغذائية في التربة.

المناخات المحلية

تتشكل المناخات المحلية عندما تحصل منطقة معينة على طاقة أقل أو أكثر من المنطقة المحيطة, بحيث أن المزيد من أشعة الشمس ربما تسبب الجفاف، كما أن ذلك يعني المزيد من الدفء في الفصول الباردة. إلى جانب ذلك, فإن المزيد من المياه يعني توافر الخصوبة في فصل الجفاف. الوقاية من الرياح توفر مأوى مناسب للمزيد من النباتات. تتميز المناخات المحلية بالتنوع وتوسيع امكانيات المنطقة. يتم تشكل المناخات المحلية في كل مكان بدون تواجد أي شيء.

إن المناخات المحلية في الأجواء الباردة عادةً ما تحبس الحرارة وذلك لحماية المحاصيل الحساسة. يوضح المثال أعلاه استخدام بركة المياه حتى تعكس أشعة الشمس, يستخدم الجلمود النصف مدفون في الأرض باستخدام الكتلة الحرارية. تعمل مصدات الرياح المكونة من الأشجار والنباتات على تبريد الرياح, كما أن السرير الزراعي بالكاد يستطيع زراعة أشجار الفاكهة حوله.

الفصل الثالث

كتاب الزراعة المعمرة المدرسي

الملاحظة

ربما تعتبر الملاحظة من أكثر الأدوات قوة. لذلك نحن نحتاج إلى إطلاق الطاقة في الأنظمة الطبيعية. بالرغم من ذلك فإن مهارات المراقبة لدينا ربما تكون محدودة، لذلك بإمكاننا استخدام الأدوات والتقنيات لتعزيز مهاراتنا. مع مرور الوقت وتزايد الخبرات يصبح من السهل علينا قراءة المناظر الطبيعية.

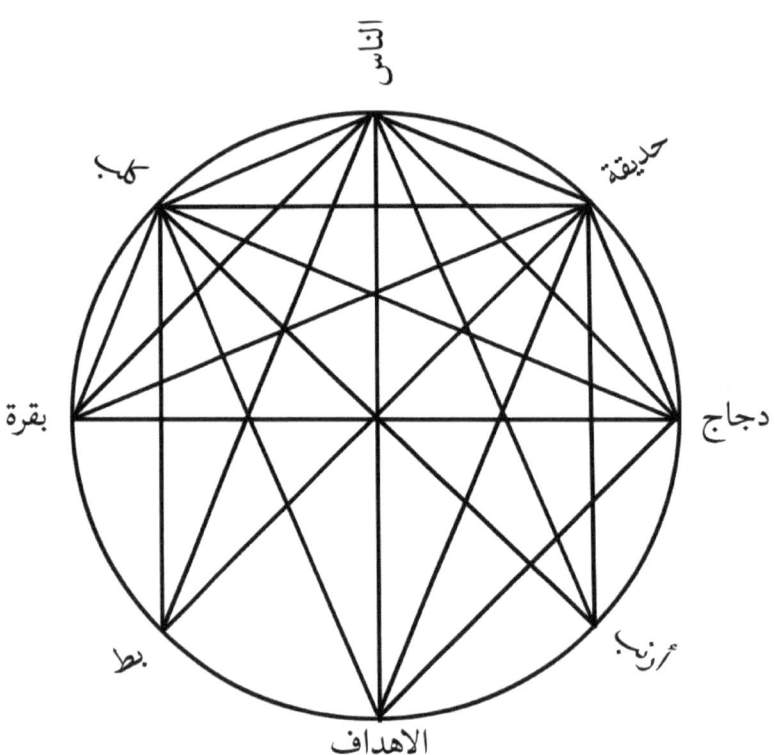

كل عنصر من عناصر الطبيعة يمتلك وظائفه المتعددة ويمتلك الدعم والتعزيز .

إن الطبيعة بكل ما تحتويه من حيوانات ونباتات وكائنات حية دقيقة وعمليات حيوية لديها العديد من العديد من الوظائف والدعم. كلما كان الترابط بين مدخلات ومخرجات النظام البيئي أكبر كلما كان النظام مستدام أكثر.

على سبيل المثال, يتناول الدجاج تشكيلة واسعة من الطعام لكي يتمكن من البقاء على قيد الحياة في ظل الظروف المناخية المتعددة. يعمل الدجاج على توفير البيض واللحوم والريش والعظام، إضافةً إلى مكافحة الآفات وتوفير السماد وإحداث بعض الخدوش في التربة التي تشبه الحراثة، وأكثر من ذلك بكثير. إن خيالنا ومهارات الملاحظة هي فقط حدودنا

الجاذبية

تعرف الجاذبية على أنها قوة ثابتة تؤثر على كل شيء في حياتنا. كما أنها طاقة كامنة هائلة إذا تم تصميم النظام بشكل صحيح. إن معرفة كيف تؤثر الجاذبية على موقع يتيح الإمكانيات لتوسيع تلك الأنماط وإعادة توجيهها لهم. يمكن استخدام الجاذبية كقوة تمد التصميم بالطاقة لخلق وفرة في الطاقة الكهربائية، وتخزين المياه، تربية **الأحياء المائية**، وأي شيء آخر يمكنك إنشاءه باستخدام تلك **المنتجات**.

> **تربية الأحياء المائية:** هي تربية النباتات والحيوانات المائية.
> **المنتجات:** هي نتائج أي عملية

تأثير الإرتفاع

إن مدى ارتفاع سطح الأرض في الأماكن التي نعيشها بها تؤثر على المناخ. فعندما نسافر بعيداً عن خط الاستواء نتجه إلى المناطق المعتدلة ومن ثم الباردة. أهمية هذا التأثير تكمن في البحث عن الارتفاع المناسب للمكان المناسب.

مقابل كل 100 متر (328 قدم) هناك تأثير لتحريك خط العرض درجة واحدة بعيداً عن خط الاستواء" جيف لوتن. "

التأثير البحري

تمتلك المسطحات المائية القدرة على تعديل المناخ المحيط بها. وكذلك المسطحات المائية الكبرى فإنها تمتلك نفس التأثير ولكن بشكل أكبر. التأثير البحري يسبب اعتدال المناخ صيفاً وشتاءً. كما أنها مناسبة جداً لزراعة العديد من الأغذية (إذا كانت في مأمن عن الرياح المالحة).

التأثير القاري

على العكس من التأثير البحري، يتشكل التأثير القاري بعيداً عن المسطحات المائية، بحيث يؤدي إلى ازدياد الحرارة في الصيف وازدياد البرودة في الشتاء..

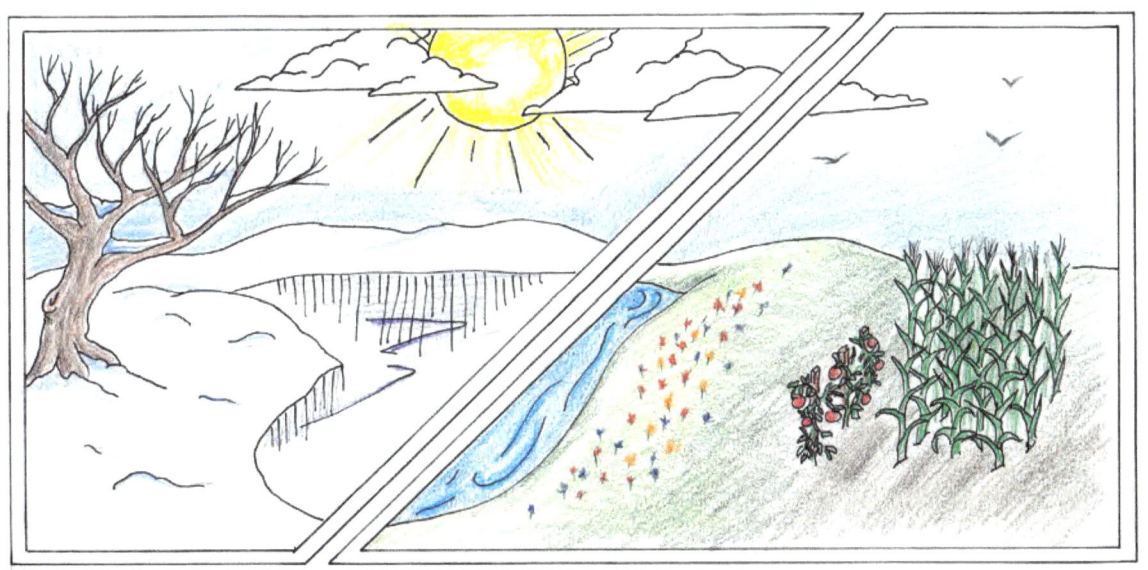

ظل الأمطار

مع اقتراب السحب الماطرة من قمم الجبال فإن الأمطار تتساقط على الجانب الذي تتصل به هذه السحب، فيصبح جانب من الجبل جاف والجانب الآخر رطب. هذه الظاهرة هي الأكثر انتشاراً في مناطق السلاسل الجبلية كما يمكن ملاحظتها بشكل سريع. النظر إلى قطعة الأرض ومعرفة اتجاه الرياح والعواصف السائدة سوف تساعدنا على التنبؤ بمكان تساقط الأمطار.

النظير المناخي

مع تقدم التكنولوجيا اليوم, فإننا نستطيع إيجاد المناخات المتشابهة في كل بقاع الأرض والتي نستطيع من خلالها دراسة ومعرفة ما الذي يحصل في الطبيعة في تلك الأجزاء والأماكن حول العالم. تنمو النباتات والحيوانات بشكل جيد في هذا المناخ.

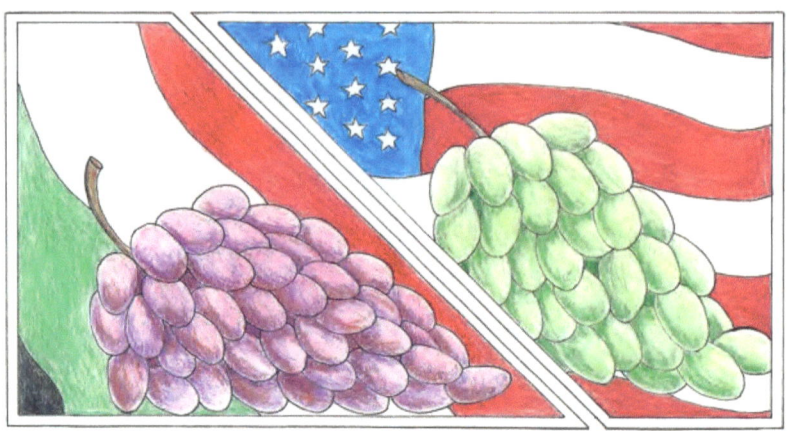

ينمو العنب في إيطاليا وولاية كاليفورنيا بسبب وقوعهما في منطقة مناخ البحر الأبيض المتوسط.

إن معرفة نوع المناخ في المنطقة التي تتواجد فيها يسمح لك بعمل مقارنة سهلة بين منطقتك والمناطق الأخرى، لكن لإيجاد النظير المناخي المناسب عليك بعمل بعض الأبحاث. إحدى طرق البدء تكون بالنظر إلى خط العرض للمناطق التي تقع على نفس الارتفاع والمسافة من المحيط. هذه الحدود تساعدنا على التركيز على الأبحاث.

الأنماط

تتكون الأنظمة الطبيعية من سلسلة من الأنماط المتداخلة والمترابطة. فنحن نتعلم ونتواصل مع الأنماط, فاللغات عبارة عن أنماط, والأماكن الطبيعية تمتلك أنماط متكررة. بما أننا نتعلم بالأنماط, فإننا نستطيع تعلم أنماط الطبيعة من خلال الدراسة والملاحظة والمراقبة. الناس الذين يقطنون في منطقتك منذ زمن طويل، يمتلكون الخبرة والدراية بأنماط دورات الطبيعة الطويلة، فيخبرونك مثلاً بأن هذه هي أكبر العواصف الماطرة أو الفيضانات التي شهدتها المنطقة، أو أن فصل الصيف هو الأكثر حرارة وجفافاً، أو فصل الشتاء الأكثر برودة. كل ذلك يعتمد على المنطقة التي تعيش بها وظروف تلك المنطقة.

> **المترابطة:** أن تكون متصلة ببعضها البعض.
> **الأنماط:** العمليات المنتظمة المعروفة بتكرارها الدائم.

مسارات الشمس واتجاهاتها

تتغير مسارات الشمس التي تحدث خلال اليوم على مدار السنة مع تغير إمالة وانحدار الأرض. تعتبر الشمس المصدر الرئيس والدائم لكل أنواع الطاقة المتواجدة على سطح الأرض. لذلك فإن المنازل والحدائق إذا صممت في غير موقعها المناسب فإنه من الممكن أن تتعرض لحرارة الشمس الحارقة وبالتالي تكتسب حرارة كبيرة جداً أو أنها لا تتعرض للشمس بشكل كافٍ. كل هذا لا يحدث في المنازل المريحة أو الحدائق المثمرة.

تعتبر معرفة تطرف أو توسط مسار الشمس أمراً بالغ الأهمية في تصميم المواقع

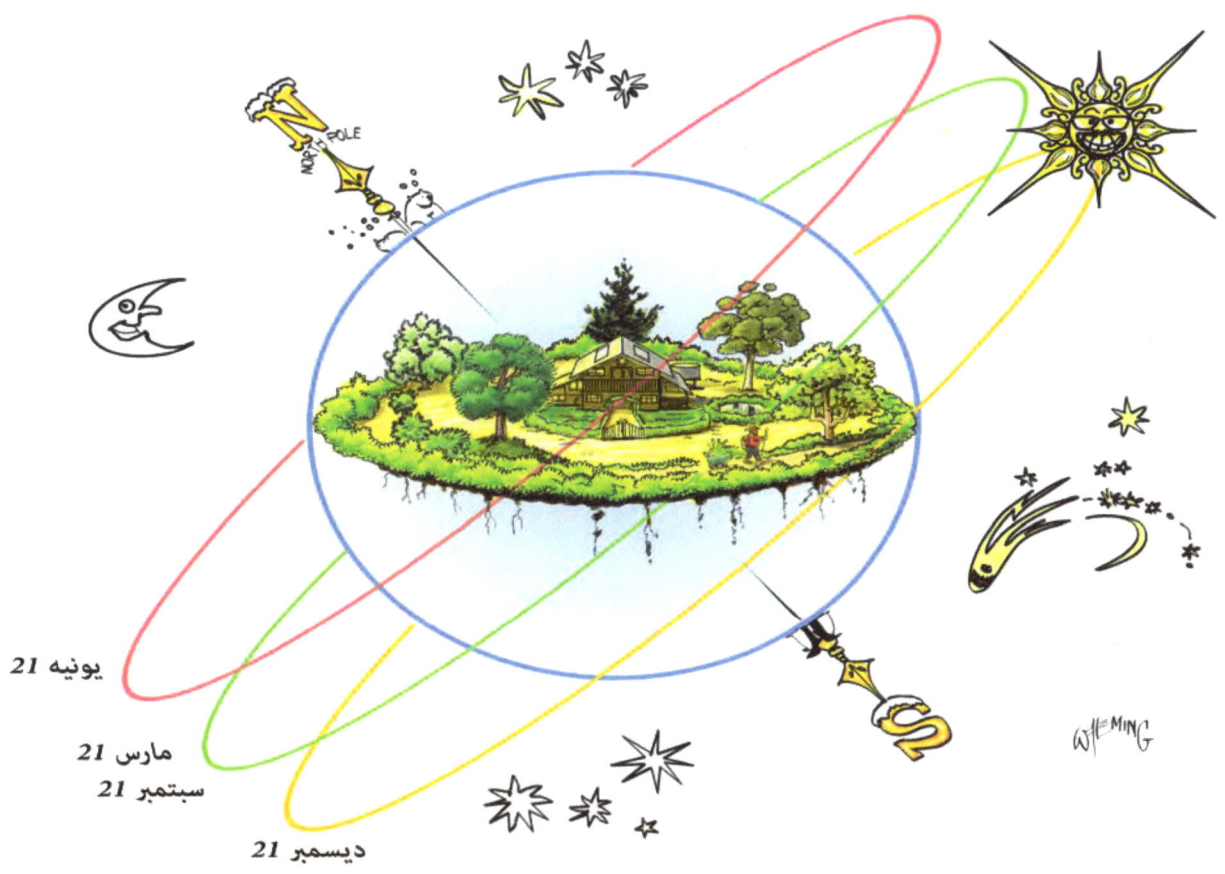

الإنقلاب هو أقصى مسار للشمس، بحيث يكون أكثر الأيام حرارة وتعرضاً للشمس في فصل الصيف، وأحلك الأيام في فصل الشتاء.
يعتبر يوم 20, 21 أو 22 من شهر يونيو الانقلاب الصيفي في نصف الكرة الشمالي، والانقلاب الشتوي لنصف الكرة الجنوبي.
كما أن يوم 20, 21 أو 22 من شهر ديسمبر هو الانقلاب الصيفي في نصف الكرة الجنوبي والانقلاب الشتوي في نصف الكرة الشمالي
بالإضافة إلى توسط مسار الشمس مرتين في السنة بتاريخ 21 مارس و 21 سبتمبر

الانحدار

تعمل شدة الانحدار لأي منطقة على تحديد نوع النباتات التي بإمكاننا زراعتها، فمثلاً لو كانت المنطقة ذات انحدار شديد فبالإمكان فقط زراعة الأشجار وخاصةً تلك التي تمنع التآكل. أما فإنها تميل لأن تكون على الأرض السهلة المنبسطة. لأن الأراضي السهلة المنبسطة تمتلك القدرة على امتصاص المياه والمحافظة عليها أكثر من قدرة المنحدرات على فعل ذلك. كلما كانت الأرض منبسطة أكثر كلما زادت قدرتها على امتصاص واستيعاب المياه.

في العادة يكون من الصعب علينا حساب المدى, ولكن إذا قمت بوضع عصا بشكل رأسي في مكانها الصحيح على الأرض (يمكنك استخدام أداة المستوى للحصول على التقدير الصحيح), واستخدام عصا أخرى ووضعها بشكل أفقي لكن ملامسة للجانب العلوي للعصا الرأسية، ثم تنشأ الارتفاع (رأسياً) والمدى (أفقياً) رأساً على عقب. إذا كانت هاتان العاصتان ذوات زاوية قائمة 90درجة أو أنها تشكل مربع متكامل فبإمكانك ربطهم مع بعضهم البعض ثم قياس طول العصا من القاعدة إلى نقطة التقاطع: تقاطع الرأسي مع الأفقي. هذه العملية سوف تعطيك النسبة المئوية الصحيحة والدقيقة للانحدار .

طريقة بسيطة لحساب الانحدار

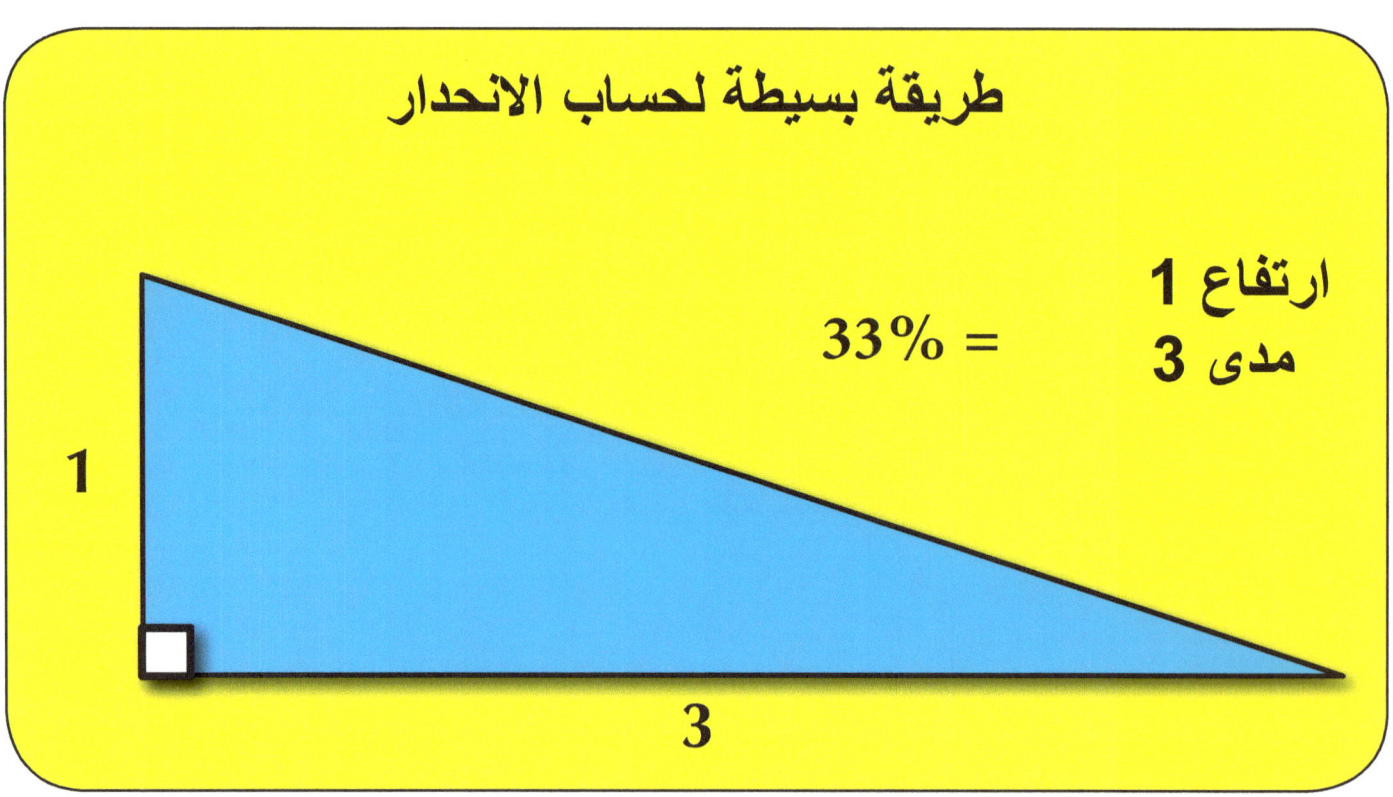

تأثير الحواف

يظهر تأثير الحواف عند التقاء اثنين من القياسات المختلفة. إن أنواع هذين القياسين يتحدان مع أنواع الحواف مشكلين ما مجموعه ثلاثة أضعاف كمية التنوع البيولوجي.
على سبيل المثال, الشاطئ الذي يمثل الحياة للمحيطات والحياة البرية والحياة الساحلية كلها مجتمعة في مكان واحد مما يجعلها أكثر خصوبة من المحيطات الكبيرة و المناطق الداخلية. إن تأثير الحواف يمكن ان تنشأ مع مجمعات المياه و السياج وطرق عديدة أخرى.

الخطوط الكنتورية

خط الكنتور هو خط ارتفاع مستمر، بحيث أن أي مسار على طول هذا الخط يكون منبسط تماماً. يعتبر هذا مفيداً جداً من ناحية التصميم. تتسلل المياه بسهولة على الأراضي المنبسطة، فيسهل على التربة ذات المسام امتصاص المياه وحفظها. تمتلك الخطوط الكنتورية استخدامات وتطبيقات لا نهائية في أي تصميم للزراعة المعمرة. من المفيد جداً معرفة وتحديد الخطوط الكنتورية من حيث الأطول والأكثر ارتفاعاً وانخفاضاً.

المسام: ثغرات تسمح بمرور وتسرب المياه والهواء

المحاصيل (الإنتاجية)

العائدات: هي كمية المنتجات التي ينتجها أي نظام. في نظام الزراعة المعمرة لا يكون التركيز فقط على محصول واحد في كل منطقة، لكن بدلاً من ذلك فإن الزراعة المعمرة تعمل على احتساب كامل عائدات المحاصيل في كل منطقة وذلك بسبب شغل النباتات والحيوانات لهذا المساحة التي تسمى المساحة المتراصة. وكمثال توضيحي لما ذكرناه نتناول هنا الثلاث أخوات من طائفة النباتات أمريكية الأصل وهي الذرة والكوسا والفاصوليا التي يتم زراعتها معاً في نفس المنطقة.

تعاني الطبيعة من تشتت في كمية العائدات والمحاصيل مع مرور الوقت وذلك لدعم ترتيب وتنسيق الدورات الطبيعية، إن توافر الطعام على مدار السنة يتوقف على مدى تنوع وديمومة النباتات المزروعة.

تمتلك الحدائق الحولية بالإضافة إلى النباتات المعمرة الأساسية بتنوع مواقيتها الفصلية ما بين مبكرة ومتوسطة إلى متأخرة لكل الأنواع التي يتم زرعها وحصادها وتحصيل عائداتها، مما يسمح بحصاد أسهل وأطول.

شجرة التفاح المطعمة هذه لديها تنوع فصلي مبكر ومتوسط ومتأخر

النظام متعدد الأنواع: مزيج من بعض أنواع الحيوانات وعدة محاصيل زراعية في نفس المكان

التراص: وجود عناصر متعددة تحتل نفس المكان وتتواجد بنفس الزما ن

طائفة النباتات: التجمعات النافعة للنباتا ت

المعمرة: النباتات التي تبقى على قيد الحياة للعديد من الفصد ول

السنوية: النباتات التي يتم زراعتها من البذور كل سنة

المطعمة: عندما يتم ارفاق وتطعيم جزء من نبتة واحدة لنبتة لأخرى

التنوع والاستقرار والاستدامة

يعتبر تشتت العائدات امتداد للطاقة مع مرور الوقت حسب التصميم. يعمل هذا التشتت على زيادة نسبة التنوع والاستقرار في النظام، كما أن ذلك يؤدي إلى الاستدامة، كلما كان النظام قوياً أكثر كلما كان مرناً أكثر.

حموضة التربة

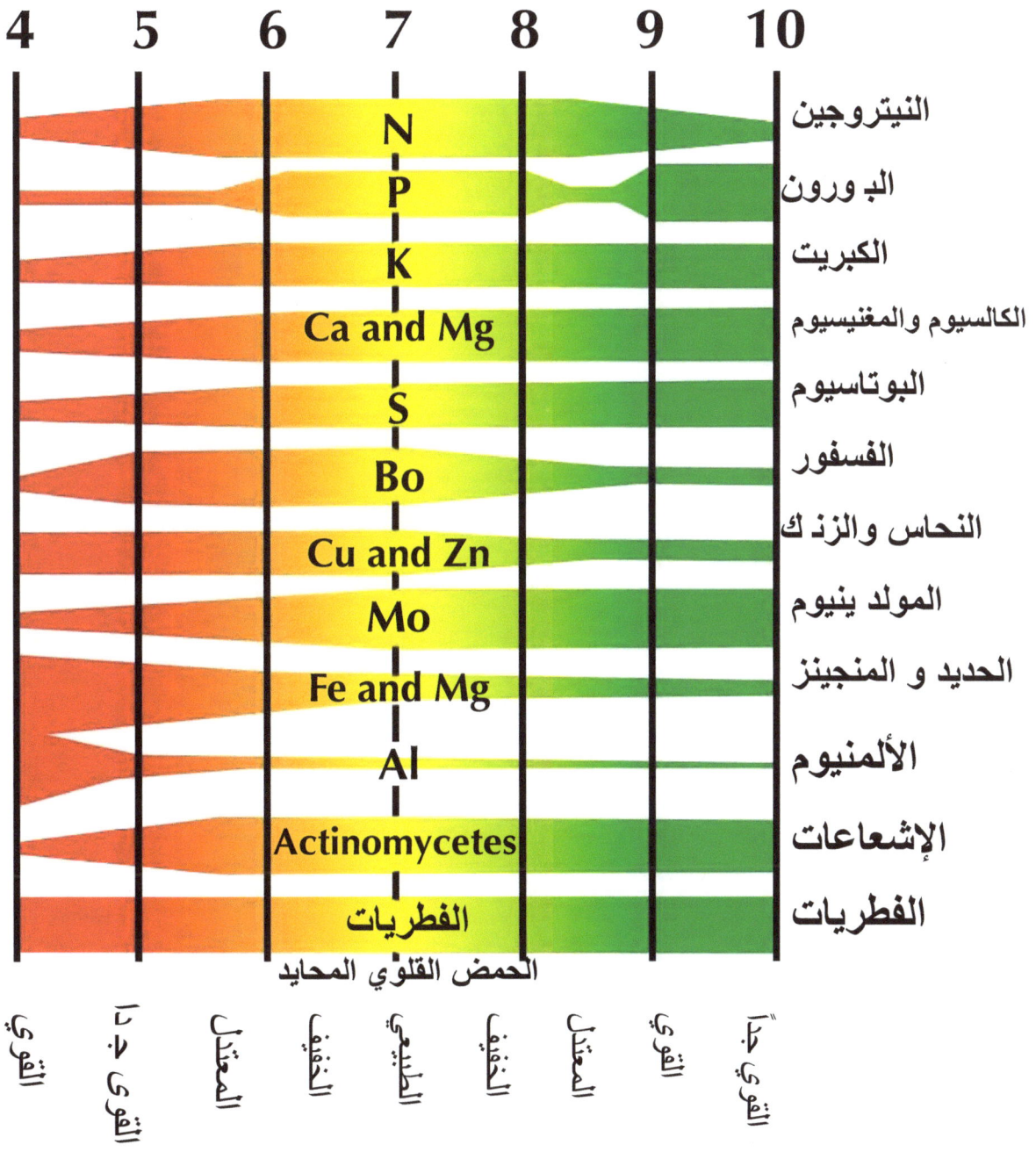

الرقم الهيدروجيني هو مقياس يتراوح ما بين الرقم الهيدروجيني الحمضي للغاية (PH 1) إلى الرقم الهيدروجيني القلوي للغاية (PH 14), مع ذلك نحتاج في الرسم البياني الخاص بنا إلى الوصول إلى 10. إنه يقيس تركيز أيونات الهيدروجين, بحيث أن كل درجة أعلى في السلم تكون أكبر 10 مرات في التركيز مما قبلها, يعتبر هذا مقياس لوغاريتمي. رقم 7 محايد، لا يعتبر حمضي ولا قلوي.

معظم البستانيون يسعون للحصول على درجة الحموضة 5-6-7, لكن بعض النباتات تفضل الرقم الهيدروجيني القليل الأكثر قلوية أو الرقن الهيدروجيني الحمضي. تفضل النباتات أنواع التربة البرية لكي تنمو بها. اختبار درجة حموضة التربة في العديد من المجالات يساعد المصممين على اتخاذ أفضل القرارات وأكثرها فائدة للتصميم. كما أنها تؤثر على استخدام أنواع محسنات التربة المناسبة، واختيار أنواع النباتات المناسبة، وأماكن زراعتها.

العلم: معرفة وفهم الأشيا ء
الفائدة: الحصول على آثار ايجابية
محسنات التربة: المواد المضافة لتحسين التربة

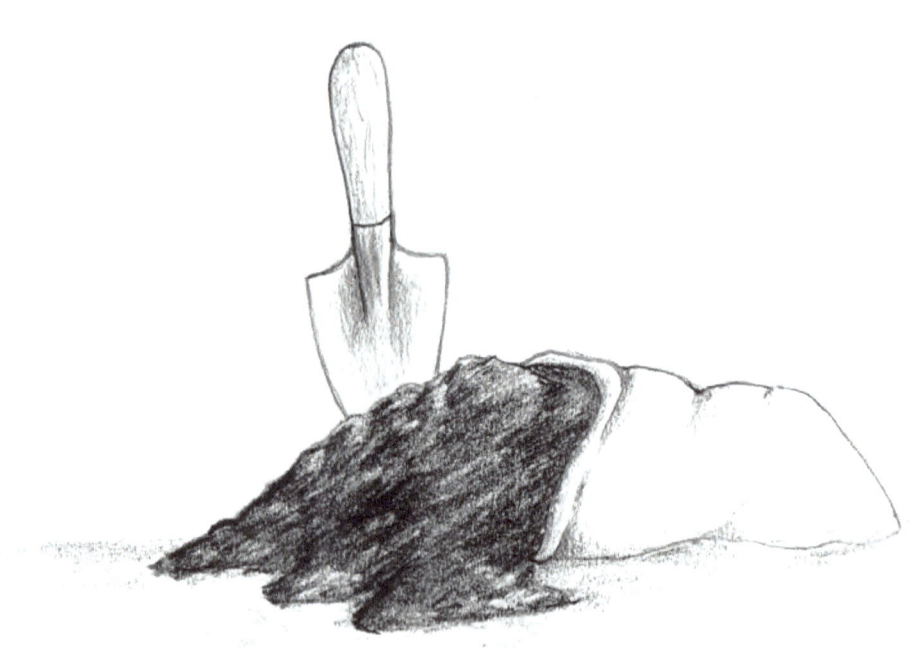

التخطيط

التصميم الوظيفي

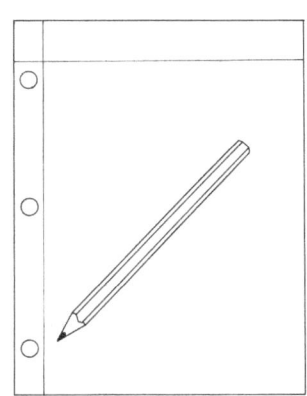

يعرف التصميم الوظيفي على أنه التصميم المستدام الذي يخلق فائض في العائدات. يرتبط هذا التصميم بالعديد من العناصر المتاحة في النظام وذلك للحصول على أكبر قدر ممكن من الطاقة في الموقع. التصاميم المختلة هي تصاميم ليست مستدامة وتتطلب مدخلات مكلفة للغاية وتتعرض للتعطل في الغالب.

بالنسبة لنا كمصممون, يجب علينا أن نسعى دائماً لربط كل المخرجات بالمدخلات, والعمل على إعادة تدوير العناصر الغذائية و مصادر الطاقة بقدر المستطاع للعديد من المرات من خلال الموقع, و تضمين العديد من عناصر الحياة لخلق التنوع والاستقرار والاستدامة.

قراءة المناظر الطبيعية

كل منظر طبيعي لديه قصة تستحق أن تروى، بدايةً من ميل الأشجار وانحنائها للتغلب على الرياح، ووصولاً إلى خطوط مياه المحيطة بالجداول الموسمية. كل هذا يخبرنا بتاريخ ذلك المكان. على الرغم من ذلك فإن هذه العملية تستغرق وقتاً طويلاً وممارسة مستمرة لأي شخص يرغب في قراءة المنظر الطبيعي. باستخدام بعض الأدوات مثل الخرائط والمراقبة للموقع، والأبحاث المحلية والتسجيلات التاريخية، فإنه يمكننا توقع ما ينتظرنا هنا.

الخرائط الطبوغرافية

الخرائط الطبوغرافية هي تلك التي تصنع من الخطوط الكنتورية والتي تمثل المنظر الطبيعي الفيزيائي. هذه الخرائط ليست دقيقة تماماً، لذلك فإن الطريقة الوحيدة لمعرفة ما سيتم عمله هناك هو رؤية ومراقبة المنظر الطبيعي من خلال شخص معين، من جهة أخرى فإن الخرائط الطبوغرافية تقوم بتسهيل عمل الكثير من الأشياء

النقطة الأساسية

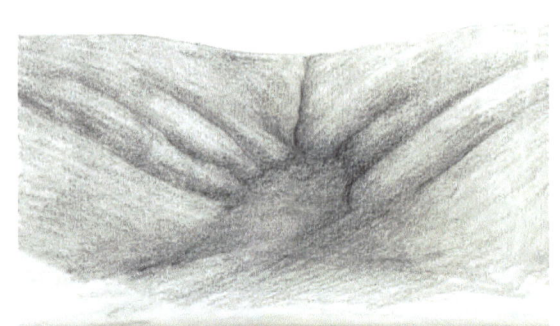

النقطة الأساسية هي تلك النقطة التي تظهر بعد تحول الأرض من محدبة إلى مقعرة والتي تنحدر من التلال أو قمم الجبال. هذا يخلف الكثير من الطين والطمي والمواد العضوية التي يتم حملها بواسطة المياه المتدفقة إلى الأسفل. مما يؤدي إلى المزيد من العناصر الغذائية، والمزيد من جزيئات الطين، والمزيد من احتباس المياه الطبيعي. بحيث يكون هذا هو المكان المثالي لتجمعات المياه وبناء السد.

المفتاح الرئيسي

المفتاح الرئيسي هو خط الكنتور الذي يمتد من المفتاح الرئيسي على كلا الاتجاهين. يعمل المفتاح الرئيسي على تجميع أكبر قدر من المياه كما أنه يمتلك القدرة على إصلاح وتجديد التصاميم. يمكن لهذه المفاتيح أن تكون بمثابة مجمعات للمياه التي تعمل على امتصاص المياه وتحويلها إلى المفتاح الرئيسي، أو يمكن أن تكون غيرة قادرة على امتصاص المياه وإنما تعمل فقط على تحويلها. كل هذا يعتمد على الظروف التي تكون بها، ففي الصحراء تستهلك كمية كبيرة من المياه المجمعة لسقاية منطقة صغيرة جداً، في حين أن المناطق المدارية الرطبة لا تحتاج للقيام بذلك.

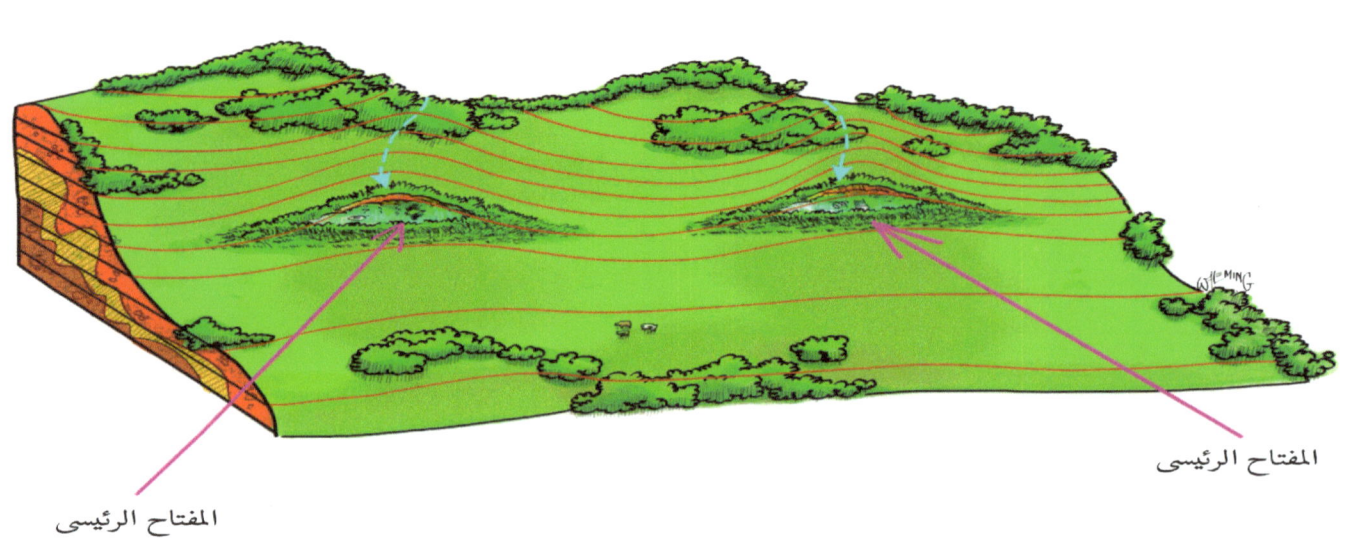

المفتاح الرئيسي

المفتاح الرئيسي

حساب المتجمعات

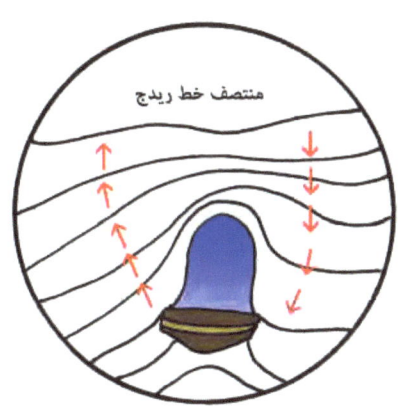

استخدام الخرائط الكنتورية والبدء من موقع البركة, ورسم زاوية يمنى بمقدار 90 درجة للخطوط الكنتور حتى التقاء قمة الجبل من كلا الاتجاهين. تشكل تلك المنطقة ما يسمى مجمعات المياه. تقوم مكتبات الدولة أو المقاطعة أو المدينة التي تعيش فيها بحساب الحد الأقصى لكمية الأمطار المتساقطة. معرفة هذه المعلومات يحدد حجم البركة وحجم حائط السد ومستوى قنوات تصريف المياه.

لا تعد قنوات تصرف المياه ضرورية في بناء مجمعات المياه ولكن عادةً ما تكون إضافتها جيدة ومفيدة في التصميم. تصمم هذه القنوات لتكون أقل ارتفاعاً من حائط السد لذلك لا تستطيع المياه أن ترتفع عن المستوى .المحدد، مما يؤدي إلى حماية حائط السد

أقصى معدل تدفق الميا ه =

مساحة منطقة تجمع المياه * أقصى معدل سقوط في 24 ساعة

تحليل العناصر

كل عنصر ن عناصر النظام لديه متطلباته واحتياجاته وانتاجه وسلوكه وخصائصه الجوهرية. معرفة كل هذا يسمح للمصمم برؤية كافة الاحتمالات المتاحة، بالإضافة إلى نقاط الضعف والقوة لكل عنصر. وبالتالي تحدد كيف يتم اختيار كل عنصر نباتي وحيواني في بداية كل نظام. التجربة شيء مرحب به جداً، ولكن التخطيط يضمن لنا المحصول والعائد على الاستثمار.

الخصائص الجوهرية

التكاثر, التلوين, تحديد النسل

السلوكيات والتفاوت في المناخ

المنتجات والسلوكيات

بيض	الطيور
نضالة	اللحوم
سماد	الميثان
خدش	الريش
تمزيق	المؤن
الكربـ ون الإنتاج	النشارة ثاني أكسيد الكربون

الاحتياجا ت

الرمل	سقيفة الحصى
هواء نقي	ماء
أخرى دجاج	طعام

49 كتاب الزراعة المعمرة المدرسي

تخطيط القطاع

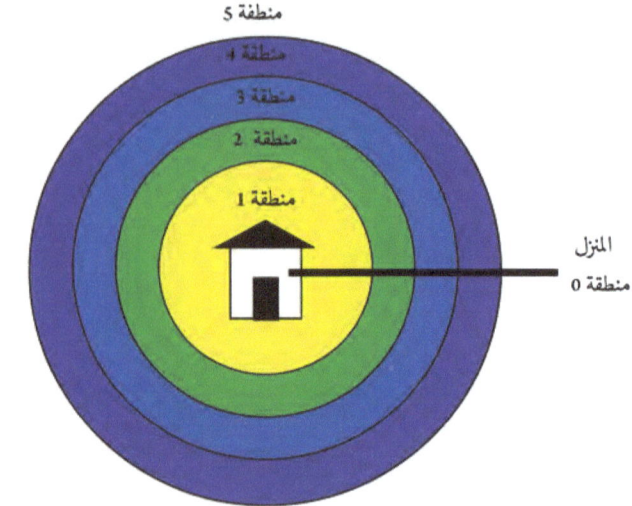

تخطيط القطاع هو وسيلة لتقليل كمية الطاقة المستنفذة للحفاظ على الموقع وضمان بقائه. من خلال تنظيم الأنواع المختلفة للعناصر وتقسيمها لعدة مناطق، بحيث يمكن للمصمم وضع عناصر صيانة أكثر كفاءة وفاعلية وذلك لتقليل كمية الخطوات المتخذة لتلك العناصر في كل عام. فمثلاً حديقة المطبخ قريبة من المنزل (المنطقة 1) في حين أن الأشياء النادرة تكون قريبة من الغابة وبعيدة عن المنزل (المنطقة 4).

المنطقة رقم 1: هي المنطقة القريبة من المنزل، مثل حدائق الأعشاب والخضار، وتحتاج إلى صيانة دائمة ومستمر ة.
المنطقة رقم 2: تشتمل على المحاصيل الرئيسية، والبستان والصيانة الروتينية، والحيوانات الصغيرة، والأعلاف الحيوانية، الغطاء النباتي الكثيف .
المنطقة رقم 3: تشتمل على الأشجار القادرة على التحمل، والأنواع الأصلية والمحلية, والأعلاف الحيوانية، وحيوانات الرعي, والتي تتصل بسهولة مع المنطقة رقم 1 و 2, كما تشتمل على مصدات الرياح و النيران وتحتوى على غطاء صلبوالغابات الغذائية، تتطلب صيانة وعناية دورية للحيوانات والمحاصيل وأغطية التربة .
المنطقة رقم 4: تحتوي على الأخشاب والحطب والغابات الغذائية وغابات الأعلاف كما تتطلب صيانة ورعاية طفيفة
المنطقة رقم 5: تشتمل على الحياة البرية والصيد والأخشاب ولا تتطلب الرعاية أو الصيانة أبداً .

الرعاية: العمل على الحفاظ على سير النظام وبقائه.
الأعلاف: الغذاء الذي يحصده الحيوانات ويأكلونه بأنفسه م
الكثيفة: القريبة والسميكة
الرعي: اخراج الحيوانات ليأكلوا الحشائش والنباتات الرعوية
التصفح: أكل أوراق الأشجار والأغصان واللحاء والأجزاء البعيدة عن الأ رض.
مصدات النيران: الحواجز والموانع التي تمنع النيران في الأماكن المفتوحة في الغابا ت.
النشارة الصلبة: هي عبارة عن كميات كبيرة من أوراق الأشجار التي يتم قطعها واسقاطها على الأرض بدون تمزيق أو أي معالجة أخرى.

51 كتاب الزراعة المعمرة المدرسي

التجمعات العشوائية

التجمعات العشوائية هي طريقة لتوليد الأفكار. وهي تتألف من سرد الميزات والتفاعلات الممكنة ووضعها في قوائم، ومن ثم ربطها عشوائياً بعنصرين مع التفاعلات، على الرغم من أن هذه الطريقة عشوائية، إلا أنها تحاكي الطبيعة من ناحية توليد التنوع وتوليد الإبداعات والأفكار بشكل مفاجئ.

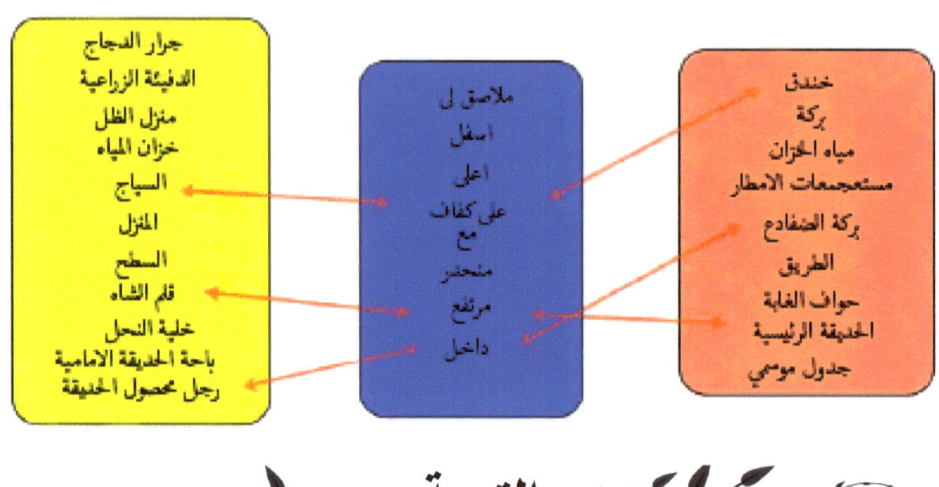

التربة
اختبار جار للتربة

اختبار جار للتربة هو طريقة بسيطة وسهلة لاكتشاف نسبة كل من الرمل والطين والطمي والمواد العضوية الموجودة في التربة.

النسبة المئوية للطين= سم من الطين مقسوماً من سم من التربة المستوية * 100
يمكنك استبدال أي مكون من التربة للحصول على النسبة المئوية

سم من الرمل، و0.5 إذا كانت لديك 4 سم من التربة المستوية و1 سم من الطين و1 سم من الطمي و1.5 من المواد العضوية، بالتالي تتكون التربة من 25% طين، و25% طمي، و37.5% رمل، و12.5% مواد عضوية.
وبمجرد الانتهاء من ايجاد النسب المئوية، بالتالي يمكنك ايجاد التربة الخاصة بك في هذا المخطط. إن معرفة نوع التربة يساعد في إيجاد النباتات المناسبة لزراعتها واستخدام محسنات التربة التي تتناسب مع خصائصها. المثال الذي ذكرناه سابقاً هو مثال التربة الطينية

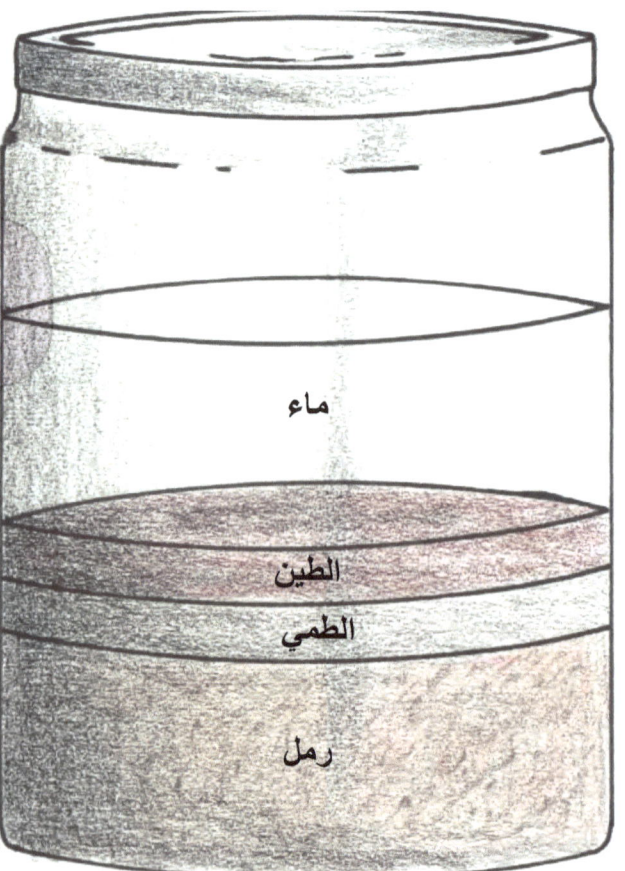

52

100
90
80
70
60
50
40
30
20
10
نسبة الطين
10
20
30
40
50
60
70
80
90
100
نسبة الطمى
الطين
رمال
مطينة
طمى مبلل
بالطين
تربة طينية
تربة طمى خصبة
تربة طينية رملية
تربة خصبة
تربة من الطمى
طمى
تربة رملية
رمال
100
90
80
70
60
50
40
30
20
10
نسبة الرمال

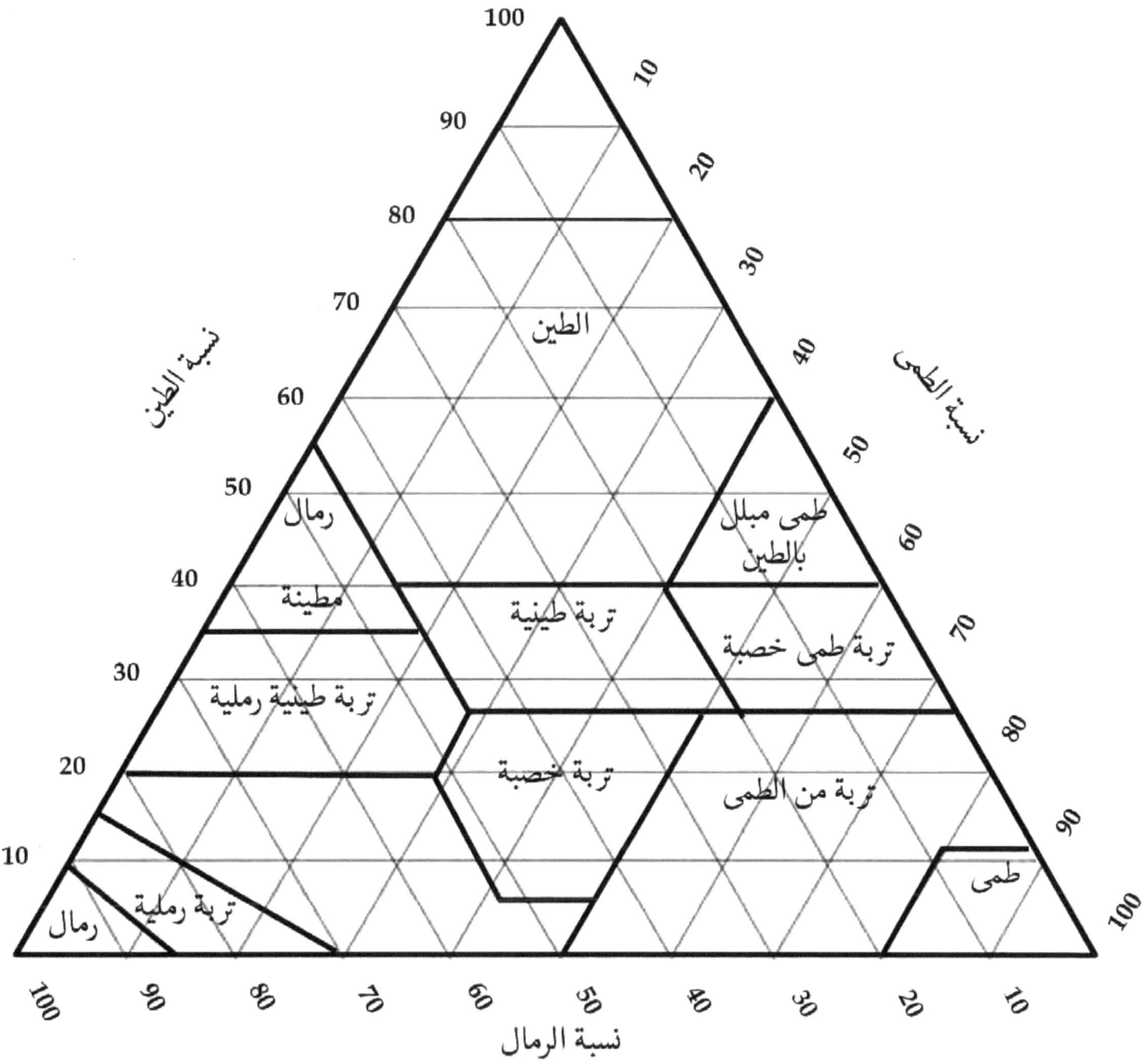

وضع التربة في القدر لزراعة البذور

من الضروري أن نتذكر أن بعض البذور تحتاج إلى التطابق لتتكاثر

تتكون الأصائص من
رمل نهري حاد 50%
سماد مصفى 50 %

الاستوائية
رمل نهري حاد 40 %
أو أكثر سماد مصفى 60 %

البذور الجيدة
رمل 90 %
سماد مصفى 10%

الطبقات الباردة: معالجة البذور التي تحاكي ظروف الشتاء والبرد والرطوبة لفترة من الزمن.
الخدوش: وجود خدش في غلاف البذرة بحيث يسمح للماء والهواء بالدخول. المياه الساخنة والنار تسمح أيضاً للهواء والماء بالتسرب إلى الداخل .
التنبيت: تبدأ بالنمو
رمل النهر الحاد: عبارة عن جسيمات رملية كبيرة توجد في داخل منعطفات الأنهار والتي تصدر طقطقة عند مسكها باليد, تتميز هذه التربة بالسماح للمياه بتخللها بسهولة .
المنخول: يتم تصفية المواد والجسيمات من خلال شبكة معينة لا تسمح سوى بالجسيمات الجيدة بالمرور.

تقطيع الجذور

تحتاج عملية تقطيع الجذور إلى بيئة رطبة ومظلة، لكن لا تكون البيئة رطبة جداً لأن ذلك سيسبب تعفنها أو عدم وصول الجذور لمصدر المياه وبالتالي لن تنمو بشكل جيد. تعد عملية إنشاء الدفيئات الزراعية لتقطيع الجذور عملية سهلة وغير مكلفة، بحيث تحتوي على الأشياء التي تسمح بنفاذ الضوء إلى الداخل وتعمل أيضاً على حصر الرطوبة. بعض الناس يستخدم الأكياس البلاستيكية فوق أصائص النباتات, لذلك ينبغي أن تكون التربة تربة نهرية حادة بنسبة 100%.
الأخشاب اللينة والشبه صلبة تحتاج فترة من 3-4 أسابيع لتقتلع (ترسخ) بينما تحتاج الأخشاب الصلبة لعدة أشهر أو عام بأكمله لتقتلع. يمكنك نقل الشتلة الصحية عند وصولها إلى طول 1-2 سم أو 1 بوصة.

كرات بذور الطين

لقد أعاد ماسانبو فوكوكا اكتشاف هذه التقنية القديمة لبذر البذور ونشرها في الطين والسماد كجزء من تقنياته الزراعية. كما قام بخلط المكونات وتشكيلها إلى كرات والسماح لها بالجفاف في الشمس.

الوصفة
1 مقدار من البذور
3 مقادير من السماد أو النشارة
5 مقادير من الطين
1-2 مقدار من المياه

أوراق التغطية

أوراق التغطية هي تقنية بناء التربة بحيث تتكون طبقات من الورق المقوى وأوراق الجرائد والنشارة والسماد لتسهم جميعاً في تسريع بناء التربة.

تقوم الطبيعة بخلق طبقة سميكة من النشارة في الغابة. هذه الطبقة السميكة تمتلك كل الامكانيات لإنشاء مرج أو غابة جديدة

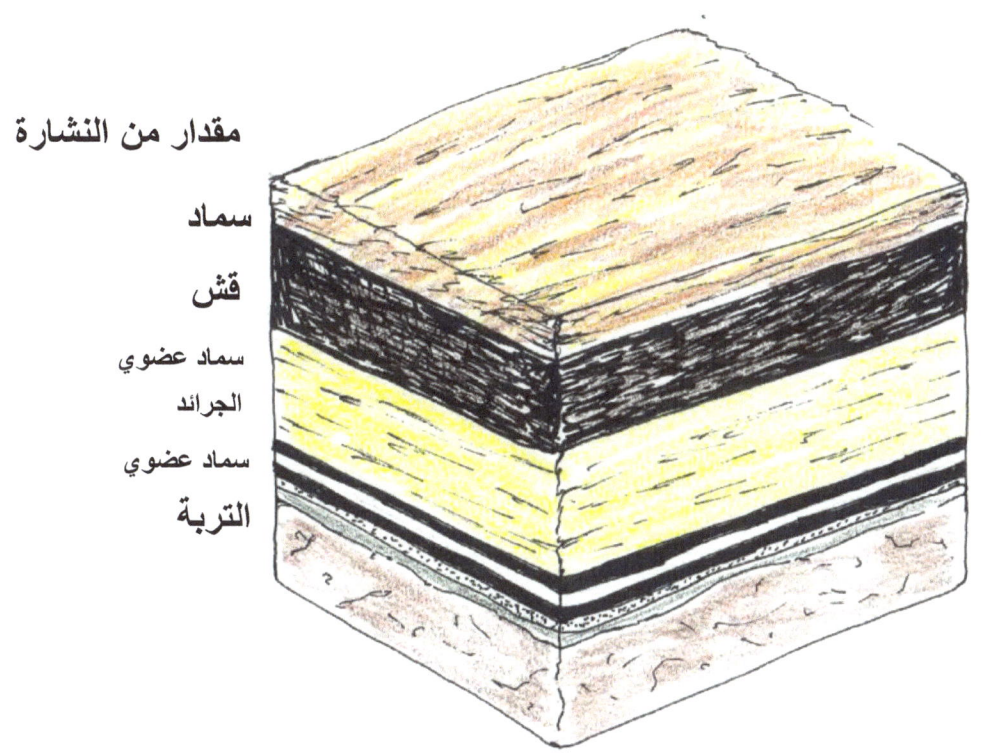

مقدار من النشارة
سماد
قش
سماد عضوي
الجرائد
سماد عضوي
التربة

تعمل أوراق التغطية على خلق طبقة فطرية مرتبطة بالألياف الخشبية الرطبة المتحللة في طبقات أوراق الجرائد والورق المقوى. يقوم السماد الحيواني على توفير البكتيريا والقدرة على الاحتفاظ بالمياه والنيتروجين. تعمل طبقة النشارة أو القش على خلق تربة باردة قادرة على الحفاظ على الرطوبة والهواء وإضافة الكربون للتربة. كل هذه المكونات تضيف أكثر مما تم سرده في القائمة، لكن هذه هي العناصر النشطة الرئيسية في هذه العملية.

قم بتخشين التربة التي تريد أن تريد تغطيتها باستخدام المجراف والمحراك أو أي شيء يعمل على توزيع التربة بشكل كافٍ حتى تتسلل فيها الرطوبة وثم إضافة الطبقات من الأسفل إلى الأعلى:

- استخدام محسنات التربة إذا لزم الأمر
- 2.5 سم ("1) من السماد
- 1-2 سم (" 0.25- 0.5) من الورق المقوى والجرائد
- 2.5- 5 سم ("1-2) سماد، يفضل بدون بذور
- 15-25 سم ("10-6) نشارة عضوية مثل القش، والنباتات المجففة الغنية بالكربون

- 2.5-5 سم ("2-1) سماد
- قم بتقليب البذور بلطف، والحفاظ عليهم في مكان آمن أثناء الري وإخفائها من الحيوانات المفترسة

مع مرور الوقت تحتاج إلى إضافة المزيد من النشارة، لكن إذا كانت النباتات التي في الموقع تستطيع توفير النشارة فإنها ستقلل العمل وستسهم في تصميم أفضل. الشجيرات البقولية الصغيرة التي تعيد نموها هي المناسبة والمثالية لهذه العملية بوصفها مراكم معدنية. تعتبر السنفيتون العشبية الدائمة واحدة من مراكم المعادن مع الجذور العميقة. تعد زراعتها حول أشجار الفاكهة طريقة سهلة لعمل النشارة والمساعدة في نمو فاكهة أفضل.

السماد

السماد عبارة عن تربة لزجة غنية بنية مائلة إلى السواد، يتكون سماد التربة العضوية المائل إلى السواد من سلاسل ذرات كربونية التي تربط العناصر المتنوعة مع بعضها البعض في هذه السلسلة. يعد السماد مادة طبيعية غنية بالمواد العضوية التي تتحلل إلى المواد الأساسية لها. التسميد هي عملية تحلل المواد العضوية إلى سلسلة كربونية طويلة في عملية تسمى التحلل.

يعتبر السماد مادة غاية في الأهمية, تستخدم في الأسرة الزراعية, بحيث توضع في جيوب ليتم زراعة البذور فيها, حول النباتات الرئيسية. في الطبقة العلوية للسرير الزراعي وفي سماد الشاي. هذه السلسلة الكربونية الطويلة تعمل على عقد وامساك المواد المعدنية والمغذية التي يتم بها زراعة واختيار ما هو مطلوب. النبات الصحي يخلف لنا طعاماً صحياً للإنسان والحيوان.

" إذا عاشت مرة، إذن بإمكانها العيش مرة أخرى في السماد" جيف لوتن

السماد الساخن

كل سماد ساخن لديه 2 من العناصر الأساسية التي تعمل على خلق رد الفعل: وهي الكربون والنيتروجين، والتي تسمى عادةً ما تسمى البنيات وتشتمل على القش ورقائق الأخشاب والورق وأوراق النباتات. السماد الحيواني يعمل على توفير النيتروجين اللازم لرد الفعل. 25 جزء من الكربون إلى جزء من النيتروجين وذلك بنسبة (1:25) المطلوبة حتى يص السماد إلى درجة الحرارة المناسبة. تشير الحرارة إلى أن الميكروبات تعمل بصعوبة على تحليل المواد المستقلة وتحويلها إلى سماد متكامل. تتمثل درجة الحرارة المثالية لتكوين السماد ما بين 120-150 درجة فهرنهايت أي ما يعادل (55- 65) درجة سلولوزية. تعمل درجة الحرارة هذه على قتل كل الميكروبات الضارة ومسببات الأمراض وبذور الحشائش. عندما يصبح السماد ساخناً جداً، اعلم أنه قد حان الوقت للعمل, فقط قم بإطلاق الحرارة قليلاً ثم ابدأ. التحول بالتدريج وبانتظام يساعد في تهوية الكومة التي تغذي العمليات الداخلية. إذا كانت الكومة لاهوائية فإنها لن تحصل على الهواء الكافي وسوف تظهر لها رائحة كريهة. أما الهوائية فتظهر الكومة برائحة التراب العادية ولا تفوح منها روائح كريهة.

التحلل: هي عملية التعفن والتقلص
الميكروبات: كائنات حية صغيرة لا يمكن رؤيتها بالعين المجردة وإنما فقط باستخدام المجهر
متشابهة: الظهور كأنها الشيء نفسه.

سماد بيركلي خلال 18 يوم

> **سماد بيركلي**
> 1/3 من عنصر الكربون
> 1/3 من الخضار
> 1/3 من السماد

لقد قامت جامعة بيركلي في ولاية كاليفورنيا الأمريكية بتطوير طريقة 18 يوم للسماد في جامعة بيركلي. تعتبر هذه الطريقة سريعة وموثوق بها لإنشاء سماد عالي الجودة في الحديقة. الحد الأدنى لحجم الكومة هو 1 متر مكعب (أو ما يقارب 3.5 قدم مكعب).

يحتاج السماد لهذا الحجم حتى يسخن بشكل كافٍ. بالإضافة إلى اللون البني والسماد يمكنك إضافة بعض اللون الأخضر من خلال قطع الحشائش والأعشاب الطازجة, مما سيؤدي إلى إضافة المزيد من التنوع البيولوجي لهذه العملية. يمكن إضافة الحيوانات النافقة أو الأسماك والسنفيتون ونبات القراص أو حتى سماد قديم إلى منتصف كومة السماد في بداية عملية التسميد.

سيعمل هذا على تسريع عملية التسخين كما أنه سيحقق زيادة التنوع البيولوجي للمنتج النهائي.

جدول الـ 18 يوم من اجل سماد بركلي

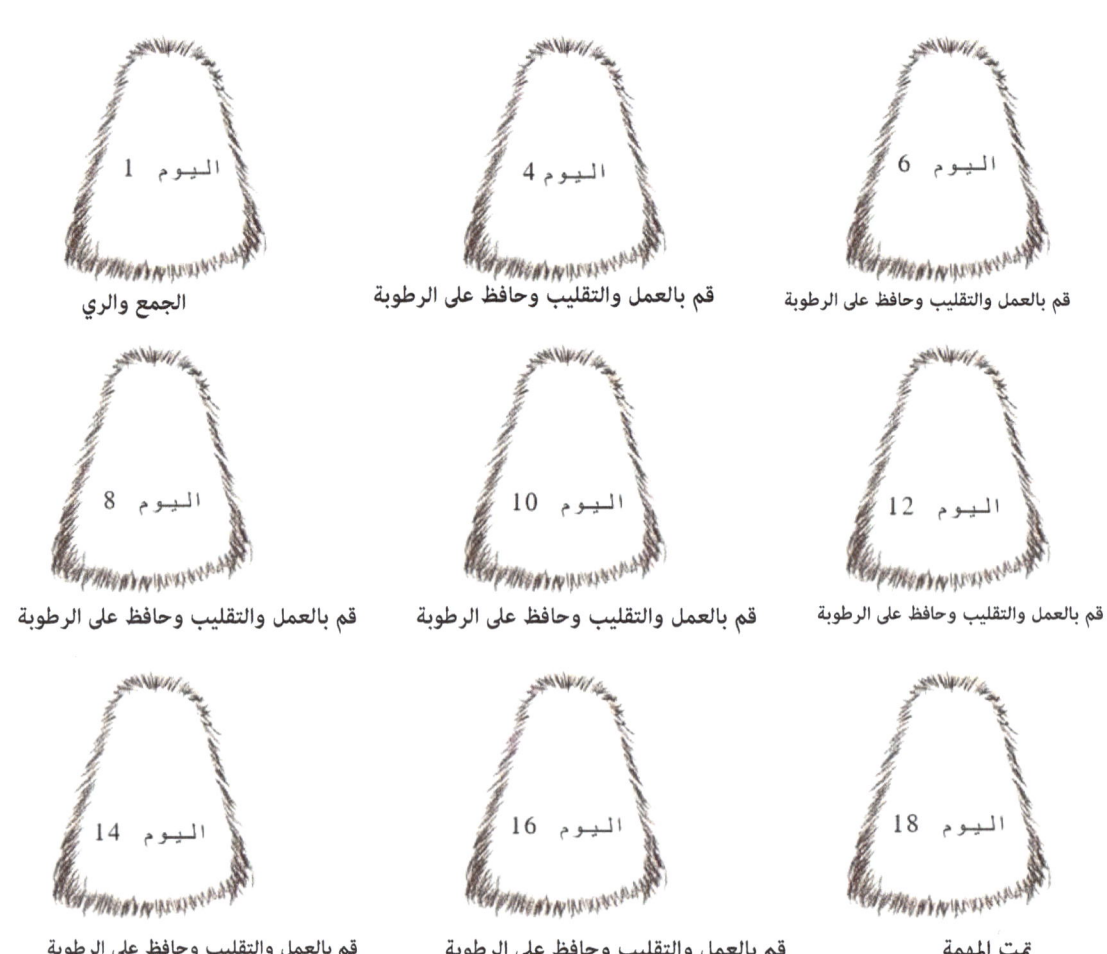

اليوم 1 - الجمع والري
اليوم 4 - قم بالعمل والتقليب وحافظ على الرطوبة
اليوم 6 - قم بالعمل والتقليب وحافظ على الرطوبة
اليوم 8 - قم بالعمل والتقليب وحافظ على الرطوبة
اليوم 10 - قم بالعمل والتقليب وحافظ على الرطوبة
اليوم 12 - قم بالعمل والتقليب وحافظ على الرطوبة
اليوم 14 - قم بالعمل والتقليب وحافظ على الرطوبة
اليوم 16 - قم بالعمل والتقليب وحافظ على الرطوبة
اليوم 18 - تمت المهمة

أولاً: ابدأ بعمل كومة السماد في طبقات باستخدام عنصر الكربون (لضمان حصولها على التهوية الجيدة). عندما تنتهي من إنشائها، قم بسقايتها حتى تتسرب المياه منها. تأكد من أنها رطبة من جميع الاتجاهات، يمكنك ري الكومة خلال عملية البناء، فهذا يرجع لك.

قم بالتحقق من مستويات الرطوبة بشكل يومي للحصول على النتيجة المطلوبة. إذا قمن بالضغط على كومة صغيرة بين يديك وتساقطت منها بعض النقاط القليلة إذن هذا هو مستوى الرطوبة المطلوب.

سماد الشاي

شاي السماد عبارة عن غذاء سائل للتربة، لكنه ليس سماد نباتي. يتم إنشاء شاي السماد من خلال وضع السماد في كيس شبكي، وتعليقها في دلو مياه ثم تهويتها لمدة من 12-48 ساعة حتى تنفصل حياة التربة عن جزيئاتها. المنتج النهائي لهذه العملية سيكون سائل حيوي هوائي غني بالعناصر الغذائية يعيد الحياة للتربة الفقيرة ويساعد على ازدهار النباتات ويوفر لنا تربة صحية سليمة. هناك العديد من الطرق لعمل شاي السماد المخمر والعديد من الوصفات التي تعتمد على احتياجات التربة والنباتات، لكن المكونات الأساسية هي السماد الموجود في الشبكة والمياه الموجودة في الدلو، ووسيلة التهوية (مثل مضخة المياه)، وغذاء للميكروبات مثل الدبس، ويفضل الأسود منه. بعض الناس يضيفون مواد مثل: عشب البحر، والمعادن والأغذية الميكروبية وذلك لإضافة المزيد من العناصر الغذائية والمعادن لشاي السماد.

عندما يكون السماد جاهزاً، استخدم شاي السماد خلال 6-8 ساعات. يجب تمييع الشاي قبل استخدامه وذلك بإضافة 1 حصة من الشاي ل 3حصص من الماء حتى يصبح لونه مثل لون الشاي الخفيف. تضاف إلى التربة مرة واحدة في موسم النمو.

سماد عصير الدودة

سماد عصير الدودة هو نظام تكوين السماد دون الحاجة إلى الرعاية والصيانة المستمرة. هذا النظام مناسب جداً لنفايات المطبخ التي تتواجد على الدوام.
يمكن استخدام أي حاوية طالما لديها مصرف في القاع. عندما تكون الحاوية مرتفعة من الداخل فإن السماد لن يستطيع ملامسة أسفل الحاوية. استخدام القماش المخرم فوق الإطار والركائز أو الحصى يعمل على الامساك بالسماد و السماح للسائل بالتسرب .
عندما تضع القماش المخرم في مكانه, قم بوضع طبقة رقيقة من القش الجاف أو الأوراق، ثم قم بملء نصف الحاوية بالسماد والديدان, وبعد ذلك املأ النصف الآخر من الحاوية بنفايات المطبخ. سوف تعمل هذه الديدان على هضم وتحويل هذه المواد إلى سائل الديدان
يحتوي عصير الديدان على بكتيريا عظيمة الفائدة للتربة، حيث يمكن اضافتها باستمرار خلال موسم النمو ولمدة 3 أشهر، كما ستكون الحاوية بأكملها جاهزة كسماد الحديقة تماماً.

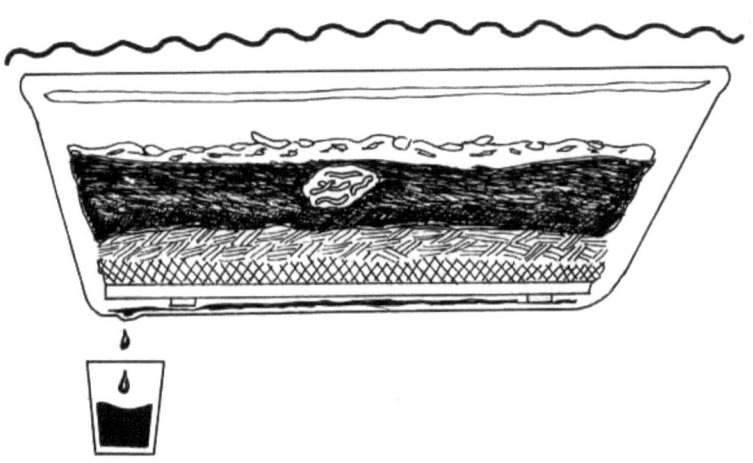

التسميد الحيوي

التسميد الحيوي عبارة عن سماد طبيعي غير حي للنباتات والتربة نتج من عملية التخمير اللاهوائي.
تكمن قيمة هذا السماد بإعادة إضافة المعادن للتربة والنباتات. هناك العديد من الطرق لإنشاء نظام التسميد الحيوي. جمع كل المكونات في 50 غالون (برميل) سوف يقوم بتغذية البرميل. يجب أ، تكون اتصال قمة البرميل بأنبوب الهواء محكم الإغلاق. يقوم أنبوب الهواء بتغذية عبوة أو حاوية المياه، لذلك يكون أنبوب الهواء دائماً تحت الماء. ليس هناك حاجة لإغلاق ذلك الجزء. بينما تتم عملية التخمير، تظهر الفقاعات داخل عبوة المياه مع تسرب للغاز بسبب عملية التخمير التي تحدث داخل البرميل. بعد 3 أشهر سيكون لديك سماد ذهبي سائل ويمكن تخزينه لأجل غير مسمى. تستخدم 20 حصة من المياه لكل 1 حصة من السماد الحيوي عند استخدامه للتربة والنباتات.

التسميد الحيوي

10 كيلوغرام أو 22 رطلاً من السماد الجيد
10 لتر أو 2.5 غالون من الدبس
2 لتر أو نصف غالون من الحليب
5 لتر أو 1.3 غالون من عشب البحر
1 كيلوغرام أو 2.2 رطلاً من الخمير ة
1 كيلوغرام أو 2.2 رطلاً من مسحوق العظام المحروقة

النباتات

الختم والإسقاط

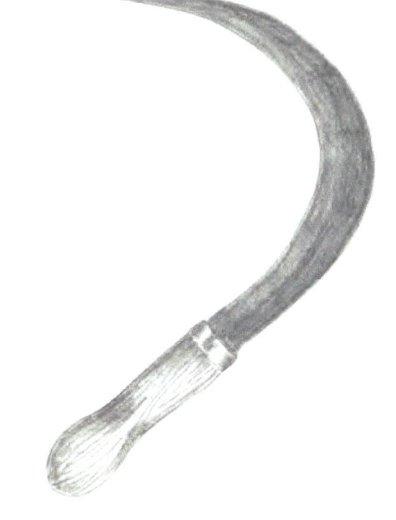

بالرغم من أن عملية الختم والإسقاط تبدو عملية سهلة وبسيطة إلا أن لها فوائد عظيمة. عندما يقوم الناس بإزالة الحشائش والأعشاب الضارة فإن التربة تفقد الكثير من العناصر المغذية التي تحملها هذه الحشائش والأعشاب. لكن عندما نقوم بإسقاط تلك الحشائش وتركها، فإنها نسمح للطبيعة بأن تقوم بعملياتها الإصلاحية الطبيعية.
كلما كانت القطع صغيرة والمساحة أقل، كلما كانت عملية التحلل أسرع.

البقوليات

تعمل البقوليات على تغذية التربة وتثبيت النيتروجين فيها, حتى تستطيع النباتات أن تزدهر وتنمو. كما أنها تأتي في مجموعة متنوعة من الأصناف التي تغطي كل طبقات الغابة، إنها أيضاً تنمو بسرعة وغالباً ما تسمى بالأعشاب. يمكن أن تكون أشجار البقوليات صغيرة الحجم أو أن تكون بدون جذع لكنها لا تؤثر سلباً على النباتات.
كتاب الزراعة المعمرة المدرسي

تستخدم البقوليات لعمل العديد من الوظائف , منها أنها تستخدم كمحصول غطائي لتعد التربة لتكون حديقة أو غابة غذائية. تستخدم أيضاً كمواد داعمة للغابات الغذائية, وتشكل مصدر غذاء للإنسان والحيوان. وتستخدم أخشابها في إشعال النيران, كما يمكن استخدامها كنشارة للتغطية.

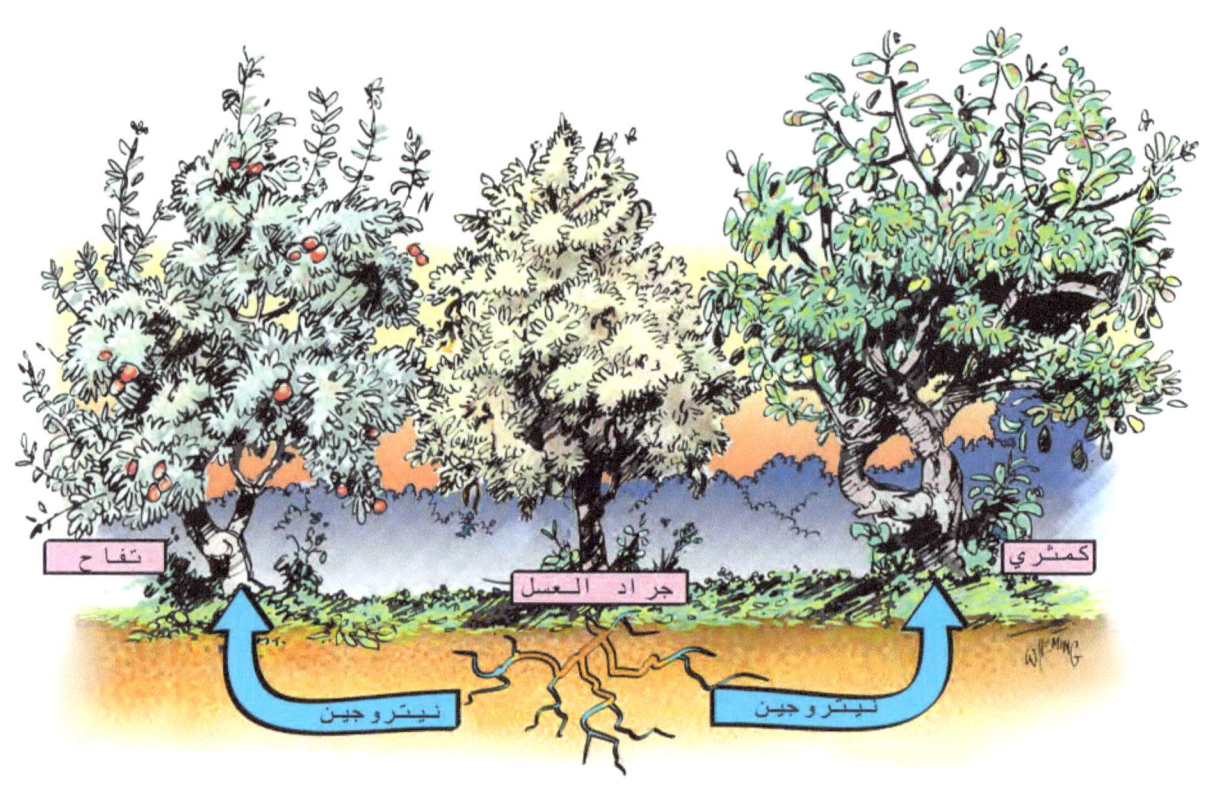

فى كثير من الاحيان يتدخل النيتروجين لاصلاح الوضع , ومن ضمن الأشياء التي أثارت الجدل، إثبات فعالية العسل وكفاءته فى الاغراض التجارية كمزارع كيبيك فى كندا وان مناقشة هذا ادت الى فتح فرع للدراسة فى موضوع بدائية المساعدون التى تفتقر الى تحديد منبهة التكافلية والعقدة الجزرية البكتيرية معظم المساعدون مثل الجراد الاسود و شجيرات البازلاء بسيبيريا او السنط

الايكة: أشجار خاصة تشبه الصفصاف أو يوكاليبتس, يتم قطعه ومن ثم إعادة زرع العديد من الجذوع الجديدة التي يمكن حصدها بشكل دوري , بعض الأشجار مثل الصنوبر لا تكون غيضة بشكل جيد
الأجم: هو قطع الفروع العلوية للنباتات و ذلك لتشجيع نموها تصاعدياً
محاصيل الغطاء: هي النباتات التي يتم زراعتها لتغطية التربة العارية التي غالباً ما تغذي التربة، تستخدم البقوليات الحولية عادةً لراحة الأرض بين زراعة المحاصيل في فصلي الربيع والصيف.
الأنواع الداعمة: الحيوانات والنباتات التي تدعم وجود وبقاء الحيوانات والنباتات الأخرى

الطوائف والمجمعات الزراعية

المجمعات الزراعية هي مجموعة من النباتات أو الزراعة المتعددة التي تعمل معاً بشكل جيد. كما تقوم على تحسين وحماية وظائف كلٍ منها. يمكننا البحث عن هذه المجمعات وقوائم قريناتها والزراعة المحلية التي نجحت في استخدامها لدراستها والتعلم منها ونقل التجربة

الغابة الغذائية

الغابة الغذائية هي ظاهري طبيعية من الأشجار المصممة التي تبنى من خلال محاكاة العمليات الطبيعية لتطور الغابة. وباستخدام البقوليات والختم والاسقاط والمجمعات الزراعية وطبقات الغابات ومجمعات المياه, كل ذلك يضمن لنا إنشاء الغابة الغذائية بشكل سريع واستمرار بقائها لمئات بل وآلاف السنين.

تبدأ الزراعة في الغابات الغذائية بزراعة 90% أنواع داعمة و 10% أشجار مثمرة, وفي الذروة يتم زراعة 10% أنواع داعمة و 90% أشجار مثمرة.

النظام البيئي السريع (الغابة)

محاصيل تغطية البقوليات – 6 أشهر

أشجار البقوليات الصغيرة تمتد من 4-5 سنوات

أشجار البقوليات متوسطة الأجل والأشجار المثمرة تمتد من 10-15 سنة

أشجار البقوليات المعمرة والأشجار المثمرة تمتد من 15-30 سنة

توفر البقوليات معدل تتابع وتوارث أسرع في تغذية التربة والمحاصيل الزراعية. مما يؤدي إلى عمل أقل وعائد أعلى ومبكر.

كتاب الزراعة المعمرة المدرسي 65

الشبكة والوعاء

الشبكة والوعاء هي نظام زراعة الأشجار المستخدم في المناطق ذات المناخ الجاف ومناطق المنحدرات الشديدة. يتم زراعة الأشجار في المنخفضات القاحلة (الوعاء) في التربة وربطها بواسطة شبكة خنادق (الشبكة). تعمل هذه الشبكة على تجميع مياه الأمطار وتوصيلها إلى مجمعات الزراعة بحيث يتم تزويدها أيضاً بالعناصر الغذائية والنشارة المتجمعة على طول الطريق.

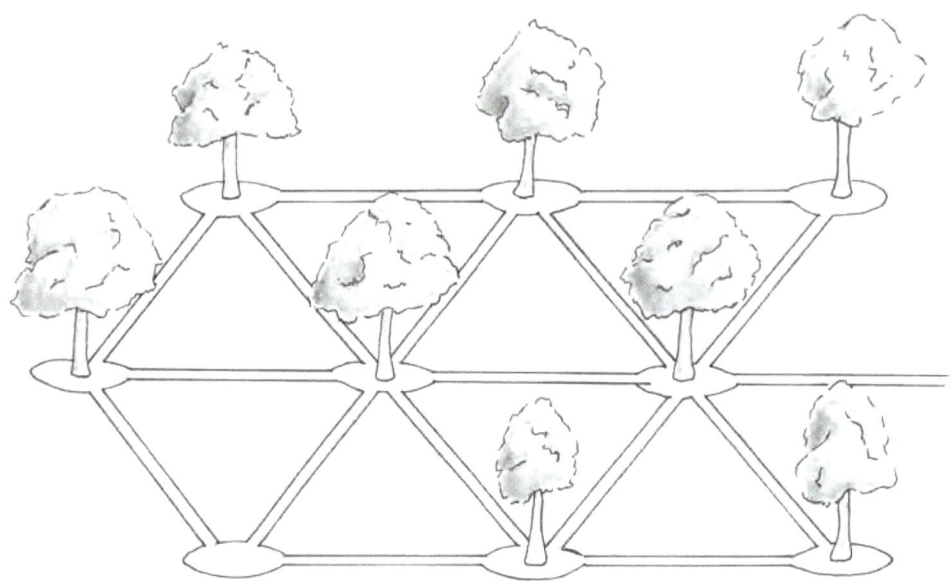

الزراعة الجماعية

الزراعة الجماعية المختارة هي تقنية تربية النباتات. عند زراعة أي نوع من النباتات في مجموعات ضخمة، فتعمل على كشف التباين والاختلاف الوراثي في هذا النبات، مما يسهل إيجاد الصفات المرغوب بها, حتى لو عثر عليها في 1 من 100 من النباتات. لذلك فإن احتمال وجود الصفات الوراثية النادرة يرتفع كلما ارتفعت أعداد النباتات

يجب أن يتم اختيار الصفات الوراثية المرغوب بها بعناية ودقة شديدتين، ولا يجب على المربيين اختيار أكثر من 2 من الصفات في نفس الوقت. يجب أن تكون أول العائدات والنشاط من قبل الصفتان المختارتان. بعد تأسيس هذه الجينات يتم اختيار الصفات والخصائص الأخرى مثل الطعم واللون و العائد الكبير.

المنخفضات: هي المناطق المنخفضة من الأرض
التباين الوراثي: تنوع الصفات الوراثية والجينية
الصفات: الخصائص
القوة: القوة والصحة

مصدات الرياح

توفر مصدات الرياح المأوى من الرياح، تتنوع مصدات من حيث التركيب والنوع. فمثلاً ممكن أن تكون , صف من الأشجار الخمة الصلبة مما يجعلها مصدات رياح دائمة وفعالة. الأسوار والأسيجة والحواجز يمكن أيضاً أن تؤدي الغرض بصد الرياح. تكمن أهمية مصدات الرياح في المناطق التي تتعرض للعواصف والرياح الشديدة

المناخ المحلي

المناخ المحلي يعمل على توسيع كل الامكانيات المتاحة للزراعة في أي موقع. إن خيارات خلق المناخ المحلي غير محدودة. تعمل الصخور وبرك المياه على امتصاص طاقة الشمس وإطلاق الحرارة لفترة طويلة بعد غروب الشمس. كما أنها تعكس ضوء الشمس على الأشياء الأخرى. تعمل مصدات الرياح على منع الرياح من تبريد أو تسخين الموقع الزراعي. التوجه نحو الشرق باتجاه الشمس يزود الموقع بأكبر قدر ممكن من الطاقة الشمسية. على النقيض يكون الظل هو المطلوب في المناطق ذات الحرارة الشديدة. المناخ المحلي هي المتحكمة بكمية الطاقة التي تصل إلى الموقع.

الحيوانات

نقل الاصطبل

نقل الاصطبل هو أسلوب رعي النباتات الذي يعمل على تحسين التربة والمراعي وصحة الحيوان. يتم رعي الحيوانات لفترة قصيرة قبل نقلهم إلى مكان جديد، مما يعمل على تقليل الضغط , وتحسين نمو المراعي, ويمنع الحيوانات من أكل النباتات الغير صحية وعلى العكس فإن هذه التقنية تقدم للحيوانات أفضل الطعام الذي يحتوي على العناصر الغذائية والصحية التي تساهم في تحسين صحة الحيوانات بشكل كبير مع مرور الوقت.

جرار الدجاج

جرارات الدجاج هي الموائل المحمولة للدواجن التي تسمح بتموينهم. يشبه جرار الدجاج في عمله تقنية نقل الاصطبل، لكن بدلاً من نقل الحيوانات وحدهم في جرار الدجاج يتم نقل المبنى معهم.

العديد من الحيوانات يمكن أن تكون جرارة مثل الأبقار والخنازير والخراف والأغنام والأرانب، الحيوانات الأصغر حجماً تمتلك أبنية أصغر حجماً أيضاً، لذلك تكون أسهل في النقل. غالباً ما يتم استخدام تقنية نقل الاصطبل مع الحيوانات الكبيرة و أسلوب الجرار مع الحيوانات الصغيرة ولكن ليس دائماً. .

تعدين التربة من خلال تغذية الحيوانات

تعدين التربة باستخدام الحيوانات هي واحدة من أفضل الطرق للدمج الطبيعي والفعال للمعادن المفقودة في التربة. إن خلط السماد واستخدامه في الحديقة يؤدي إلى ارتفاع كثافة المغذيات في الأطعمة. معظم الأطعمة المتوافرة اليوم تعاني من نقص عناصر التغذية وذلك بسبب فقر التربة ونقص العناصر الغذائية فيها. وبالتالي يمكننا إصلاح هاتين المشكلتين باستخدام أسلوب تعدين التربة .

وصفة تعدين تغذية الحيوانات

2.5 غرام أو نصف ملعقة صغيرة من سلفات النحاس المذابة في الماء الساخن لقتل كل الطفيليات المعوية

51 غرام أو 1ملعقة كبيرة من دولميت الحيوان – تحييد الآثار السامة لكبريتات النحا س

5 غرام أو 1 ملعقة كبيرة من الكبريت - تثبيت درجة الحموضة وموازنتها بقلوية الدولميت

5 غرام أو 1 ملعقة كبيرة من عشب البحر- تضيف قيمة معادن المحيط

51 غرام أو 1 ملعقة كبيرة من فتات الصخور – ستضيف قيمة المعادن الأرضية

46 غرام أو نصف كوب من خل التفاح العضوي – إضافة الخصائص الحمضية

تخلط مع العلف والدبس لرعي الحيوانات

تربية الأحياء المائية

تعرف تربية الأحياء المائية بأنها تربية الحيوانات والنباتات المائية ورعايتها بغرض الحصول على الغذاء منها. تقدر إنتاجية وعائدات هذه الأنظمة أكثر ب 30 مرة من الأنظمة الموجودة على الأرض. كلما كان جسم الحيوان أو النبات المائي أكبر كلما كان النظام الحيوي مستقراً أكثر، وهذا يعني الحاجة إلى أعمال صيانة ورعاية أقل ولكن يتطلب أعمال صيانة أكبر. تخلف النباتات المائية ورائها مواد صالحة لتكوين التغطية للتربة. كما أنها تحتاج إلى كميات المياه بشكل أكبر من النباتات البرية، في بعض الأحيان تحتاج إلى الاحتفاظ ب 40 ضعف حجمها في الماء.

مائي: تنتمي إلى حياة الميا ه
الزراعة : هي عملية النمو

مستويات زراعة المياه المائية

- نباتات الحافة
- النباتات المائية الضحلة
- النباتات المائية العميقة
- النباتات العائمة

سلسلة تربية الأحياء المائية

- الطحالب
- عوالق الحيوانا ت
- القشريات
- الأسماك

تشاينمباس

تشاينمباس هي الأنظمة الأكثر خصوبة وإنتاجية في العالم. يقوم هذا النظام على الجمع في التصميم بين نظام تربية الأحياء المائية والزراعة الدائمة والتي تعزز تأثير الحافة، من مميزات هذه الأنظمة أنها تبقى خصبة وصالحة للزراعة لعدة قرون طويلة. عندما وصل الإسبان إلى خليج المكسيك للمرة الأولى, شاهدوا شبكة عظيمة ومدهشة من قنوات الأحياء المائية مع العديد من المحاصيل التي تنمو على الروافد بينها. هذه الروافد تتحد مع بعضها بواسطة السياج وبعض الأشجار مثل الصفصاف والسرو.

يتم إنشاء هذا النظام بواسطة الحفر في التربة تحت المياه الضحلة وعمل خندق ووضع التربة المأخوذة من الخندق في روافد بجانب الخندق، مما يؤدي إلى تعميق التربة ورفع مستوى الأرض، عندما يكون مستوى سطح الأرض أعلى من الماء فإنها تبدأ بالجفاف. التربة اللاهوائية الموجودة تحت الماء تحتاج لوقت حتى تصبح هوائية. تمتلك الممرات المائية لهذا النظام تربة خصبة وغنية جداً، لذلك تكون زراعة النباتات في هذا النظام أكثر فاعلية وإنتاجية. يشكل هذا أيضاً مثالاً جيداً لتأثير الحواف. وجود الحواف ضروري حتى تزداد أنواع الأحياء المائية بشكل كبير. في هذا النظام يتم تخصيب التربة بشكل مستمر مما يؤدي إلى زيادة الإنتاجية.

تشاينمباس

البرك المائية

تعمل البرك على المحافظة على المياه وخلق نظام حياتي متنوع مما يؤدي إلى زيادة خصوبة التربة وزيادة نسبة العائدات بشكل سريع. عند ربط نظام البرك المائية بالأنظمة الأرضية، تفتح المجال لمزيد من الاحتمالات والامكانات. أنواع الأسماك التي تتغذى على النباتات مثل البلطي يمكنها أن تتغذى الآن على النباتات الموجودة الآن حول البركة. كما تقوم النباتات بحصاد النباتات بنفسها، بإعادة تدوير بقايا الأطعمة بنفسها

> **المائية:** النباتات التي تزرع في المياه الغنية بالمواد الغذائية بدون تربة

أكوابونيكس

أكوابونيكس هو نظام الزراعة بالماء والأسماك بحيث تعتبر فضلات الأسماك مواد مخصبة ومغذية لهذا النظام. تحدث هذه العملية في دورة بسيطة لضخ المياه الزائدة في أسرة الحصى مع النباتات الموجودة بها ومن ثم إعادة المياه إلى حاوية الأسماك. هناك العديد من الإختلافات في النموذج الأساسي. لو قمت بزراعة النباتات التي تأكلها الأسماك إذن ستطعم النباتات والأسماك بعضهم البعض (طالما تعمل المعدات على ذلك)

المتاريس

المتاريس عبارة عن معالجة الأرض بواسطة التصميم لالتقاط المزيد من الطاقة المباشرة والكامنة .

زراعة الروابي والتلال

زراعة الروابي والتلال هي عبارة عن تقنية السرير الزراعي المرتفع التي تحاكي الدورات الطبيعية للغابات. وكما تنمو المزروعات على أشجار الغابات الميتة والمدفونة فإن الهيوج كلتشر تنمو في الأسرة الزراعية تحت التربة وأغطيتها من النشارة والسماد. يتم الحصول على الرطوبة من خلال الذي يحدث في الداخل، تتولد الحرارة من عملية التحلل كما يتم إطلاق الكربون والنيتروجين إلى التربة ثم ينتقل إلى النباتات المزروعة في التلال.
تحتاج زراعة التلال إلى أن تميل إلى الجانب المظلل أكثر والجانب المشمس أكثر. وهذا يجعل الخيارات سهلة ومتاحة بين الجانب المشمس كلياً والمظلل جزئياً.

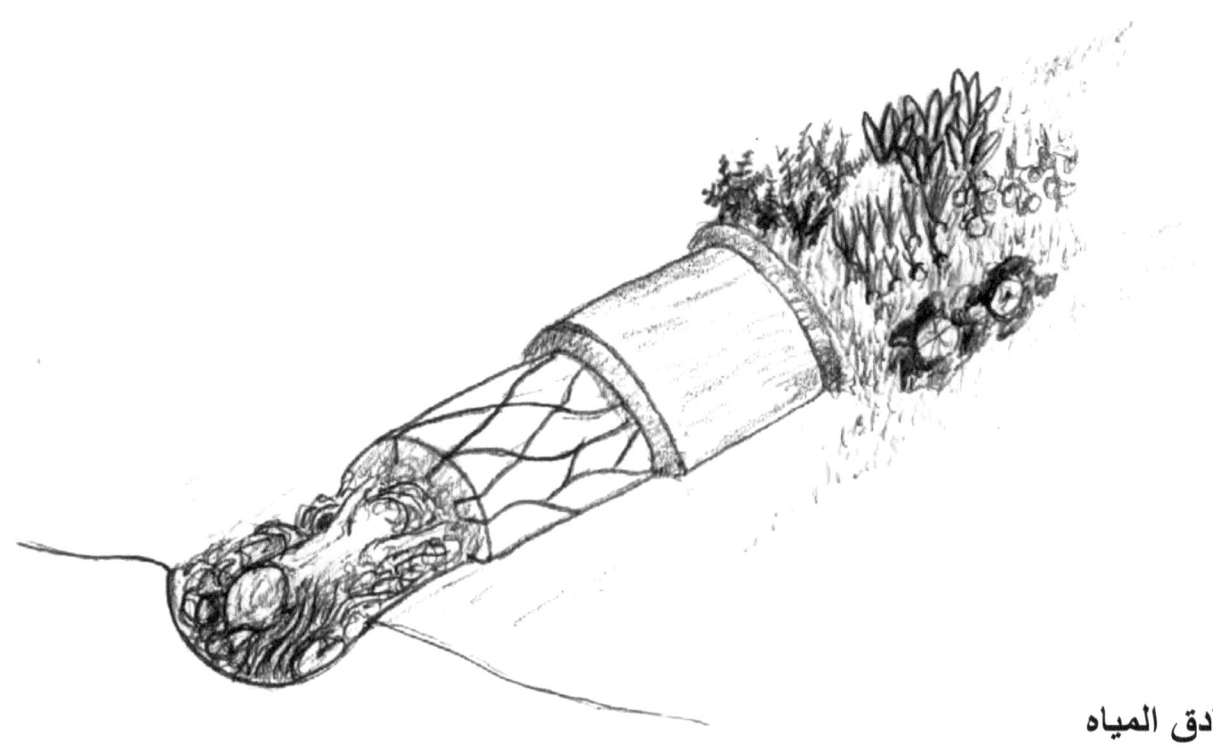

خنادق المياه

يتواجد خندق المياه غالباً في الخطوط الكنتورية, فهي تقوم على امتصاص المياه وتحويلها إلى المناطق الطبيعية . يمكن عمل هذه الخنادق يدوياً باليد أو بواسطة مجرفة أو بالحفارة الكبيرة. إن حجم وقياس الخندق لا يؤثر على وظيفة امتصاص المياه. يجب استخدام أداة لإيجاد المستوى المطلوب واستخدام الأوتاد لتحديد الخطوط الكنتورية, يمكن نقل التربة من الجانب العلوي للتل إلى الجانب السفلي له. إن الجزء الخلفي لمسار الخندق يجب أن يكون على نفس زاوية المنحدر بعد خندق التل.

يعمل الخندق على إيقاف المياه وإجبارها على التخلل في التربة، بحيث تكون التربة مسطحة مع الآكام الغير متراصة تحتها. تملأ الخنادق بالمياه في أيام الأمطار الغزيرة، لذلك من المهم أن يشتمل على المستوى المناسب الذي يمنع انزلاق المياه من الخندق. هذا يعمل على حماية التلال من التعرية والانهيارات الطينية المحتملة .

مستوى السيل: هو عبارة عن قسم من التراب المضغوط وهو أقل من السد أو حائط الخندق التي تسمح بالفيضان قبل وصول المياه لمستوى أعلى في السد أو الحائط. إنها تسمح للماء بالتدفق بلطف بمسار رفيع وذلك لمنع التآكل .

الخنادق هي أنظمة غرس الأشجار بحيث يجب زراعتها فوراً أو في وقت قصير جداً بعد الحفر. إن الغالبية من النباتات تكون من البقوليات, لكن يمكن استخدام أي مصدر للنيتروجين يصلح للزراعة في منطقتك ويمكن استخدامه في التصميم الخاص بك. يعمل تواجدها بين النباتات كأشجار الفواكه والمكسرات و خشب الأشجار على إمدادها بقيمة وفائدة عنصر النيتروجين. يتم قطع أشجار البقوليات بشكل روتيني وذلك لتغذية الأشجار من خلال نشارة البقوليات التي تغطي سطح التربة والجذور الميتة التي تعمل على تثبيت عنصري النيتروجين والكربون أسفل سطح التربة. إن العناصر الأصغر سوف تموت أو تنمو على طول الحواف، تاركة ورائها الأشجار البقولية الكبيرة تنمو مع أشجار الفاكهة والمكسرات. هذه الأشجار سوف تحافظ على الخنادق لعقود طويلة, كما أنها ستخلق مناطق ظل ومصدات رياح طويلة الأمد, وستعمل على الحفاظ على الرطوبة والدفء في الأرض لفترة أطول, وبدورها ستعمل أيضاً على تعزيز الخصوبة والتنوع.

فرص جديدة تكشف عن نفسها في كل خطوة من خطوات التنمية

السدود

تعتبر المياه المورد الأثمن في العالم. تمثل نسبة المياه العذبة 3% من مجموع المياه في العالم , ونسبة 75% من هذه المياه العذبة متجمدة. تحتاج المياه المتوافرة أن تدار بشكل صحيح من خلال التصميم والتخطيط الجيد. الزراعة المعمرة تزودنا بالطريقة التي تمكننا من الاحتفاظ بالمياه في الأرض وذلك لتغطية استخدامنا واحتياجاتنا وتلبية احتياجات الأرض .

أينما يكون الماء تكون الحياة
- جيف لوتن

تعمل السدود وبرك المياه على الاحتفاظ بالمياه في المناطق الطبيعية. يتم العثور على السدود الأكثر شيوعاً في قيعان الأودية. تمتلك هذه السدود أكبر مجمعات للمياه ولكن أيضاً يقع معظم الضغط على جدرانها ، من ناحية أخرى تفتقر هذه السدود للطاقة الكامنة. يعد استخدام الجاذبية أمراً هاماً ومجدياً في هذه الطريقة. لاتزال البرك المائية موجودة في المناطق الطبيعية, لكن في التصميم الجيد فإن المياه بعد الفيضان تزيد من قدرتها على زيادة كمية الطاقة الكامنة القادمة لأسفل المنحدر .

ينبغي أن تكون نسبة عرض الحائط لطول السد الكامل 3:1، عرض الحائط : طول السد. حيث يقوم المصممون بتحقيق هذه النسبة وذلك لتوفير المال والوقت والجهد.

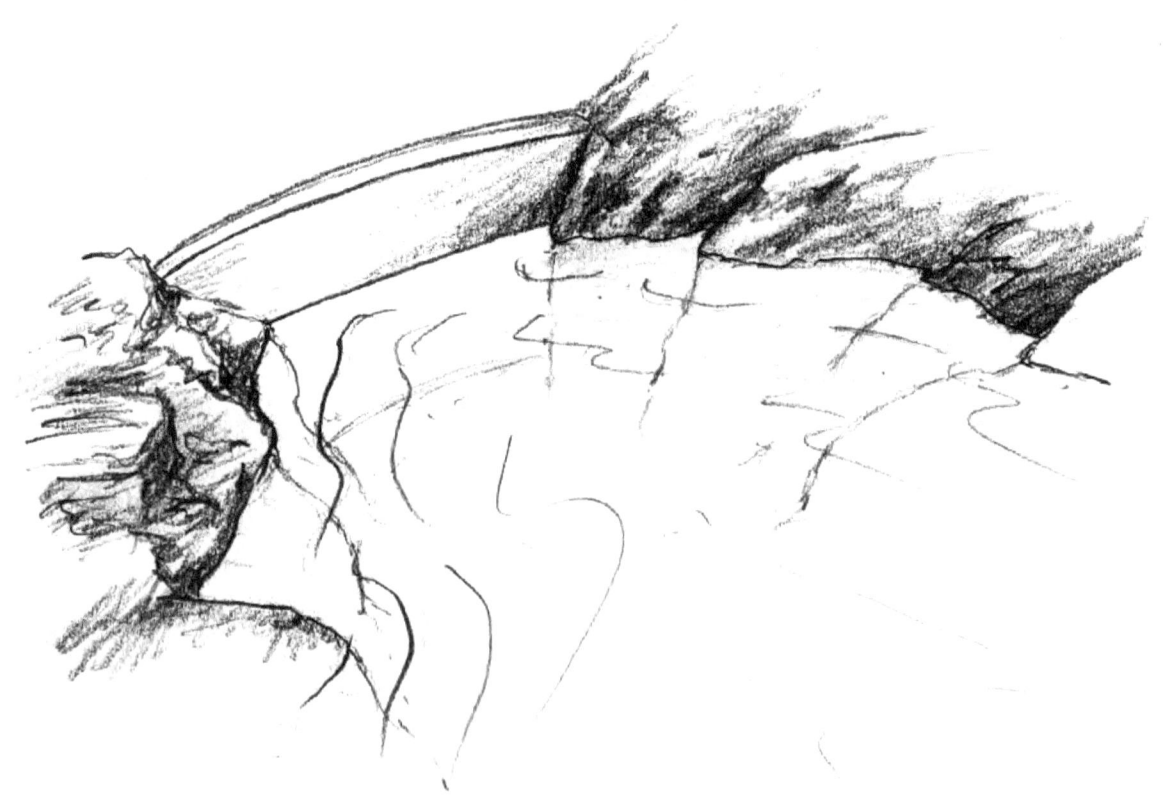

قفف التراب

قفف التراب غالباً ما تكون حاويات غالباً ما تكون مكعبة الشكل, مليئة بالحجارة والخرسانة المحطمة للسدود, تستخدم لمكافحة التآكل وعمليات البناء الأخرى. تعمل هذه القفف على حصر الطمي ورائها بينما تعمل الصخور على تكثف المياه حولها. هذه المياه المتكاثفة يمكن أن تنشئ تيار مائي ثابت ودائم وصغير لفترة من الوقت. بالنسبة للمناطق الجافة جداً، فقد تكون سلسلة من هذه القفف المتواجدة أسفل المنحدر، هي المصدر الوحيد للمياه لأميال عديدة في جميع الاتجاهات. القفف العلوية يمكن أن تحتوي على مجرى هزيل صغير لمدة 3 أشهر, والقفة التالية لمدة 6 أشهر, والقفة التي تليها بعد 9 أشهر, وآخر قفة تقارب السنة. عدد القفف التي تعمل على تجميع المياه تعتمد على الموقع.

الخزانات الأرضية
- الأراضي المنبسطة
- تخزين المياه
- يجب ضخ المياه في محيط السد

محيط السد
- البناء على الأرض المنبسطة والمنخفضة, 80% منحدر
- في الخطوط الكنتورية
- القيعان المنبسطة
- المياه الضحلة
- تربية الأحياء المائية

اهم نقاط السد
- تقنية إعادة التشجير وربط تجمعات المياه
- بناء الكي بوينت حيث يتغير المنحدر من محدب إلى مقعر
- غالباً ما ترتبط بواسطة الخنادق على طول الخط الرئيسي
- خنادق الخط الرئيسي عادة ما ترتبط بالكي بوينت للوديان

سد قمة الجبل
- الجزء المنبسط من قمة الجبل
- يمكن أن تكون مرتبطة بالخنادق
- الجدار العالي على قمة الجبل

قمة السد
- في سلسلة بين تلين
- السد الأعلى
- جدارين
- طرق منزلقة في كل مكان
- يمكن ربطها بالخندق

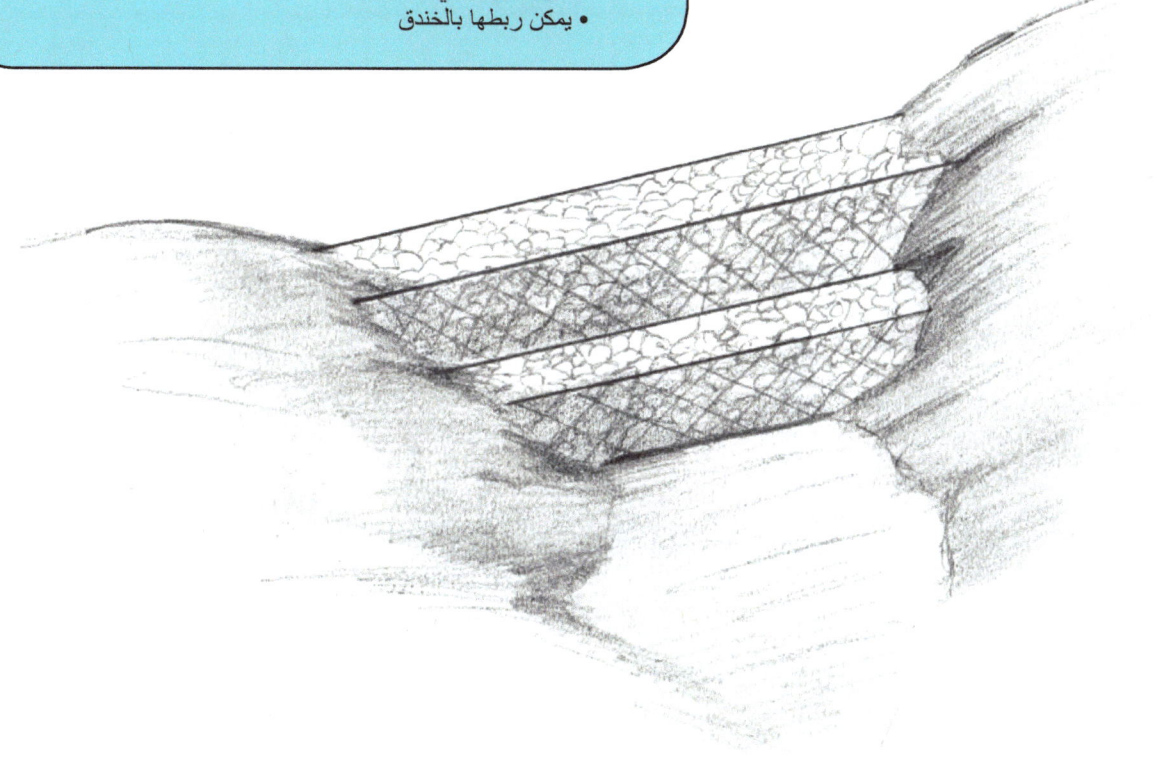

كتاب الزراعة المعمرة المدرسي

بالنسبة للمنزل

مجمعات مياه الأمطار

إن أي سطح صلب مثل الأسقف تتساقط من عليها مياه الأمطار بشكل كامل. ولكن باستخدام المزاريب وخزانات المياه يمكن جمع هذه المياه وتخزينها.

أول نظام تدفق مياه الأمطار: أول طريقة لغسل أسطح المنازل
يعمل هذا النظام علة التخلص من مياه الأمطار المتدفقة، لذلك يمكن تجميع كل تلك المياه في خزانات نظيفة

السخان الشمسي

السخان الشمسي عبارة عن موقد يشغل العادم بواسطة كتلة حرارية مثل الأحجار والخرسانة والرمل وحتى أكواز الذرة. تعمل هذه على تدفئة المقاعد والأرض وجدران المراكز. فرن الموقد عبارة عن أنبوب لحرق العصا بشكل نظيف. يكون الجزء السفلي للأنبوب مسطحاً بحيث يسمح للجاذبية بسحب العصا للنيران. فيما تقوم المدخنة الطويلة بسحب الهواء إلى داخل الأنبوب، يعمل اللهيب على حرق الجوانب وبالتالي ينتج العادم الذي يصبح وقوداً في العلوي من الأنبوب. يتم توجيه الحرارة النظيفة التي تخرج إلى قنوات ليتم تخزينها والسماح لها بإعادة الإشعاع ببطء مع مرور الوقت.
يمكن تشغيل السخان لفترة قصيرة من الوقت لتعمل على تدفئة المنزل طيلة أكثر من يوم في فصل الشتاء البارد في أماكن مثل موتنانا في الولايات المتحدة الأمريكية. كما يمكن استخدامه في تسحين المياه وتسخين البخار وطهي الطعام أيضاً.

العوادم : هي الغازات المنبثة من الاحتراق أو من العملية التي تدار من قبل الآلا ت
الكوز: عبارة عن مواد البناء الطبيعية التي تتكون من الماء والرمل والطين والقش. تتميز بمقاومتها للحريق وسهولة تشكيلها في أي شكل من الأشكال

الدفيئة الزراعية

الدفيئة الزراعية هي عبارة عن بناء ذو جدران بلاستيكية أو زجاجية مع سقف مصمم ليسمح بنفاذ الضوء والحرارة بأي شكل ممكن, لكن في بعض الأحيان تصبح الدفيئة ساخنة جداً. لذلك تحتاج إلى التنفيس.

تمتلك الدفيئة المصممة بشكل جيد القدرة على زراعة المحاصيل على مدار السنة، كما أنها تسمح بزراعة المحاصيل التي لا تنمو في مناخ منطقتك

بالإضافة إلى المحاصيل الزراعية، تعمل الدفيئة الزراعية على تدفئة المنازل المقابلة لها وذلك بتوجيه الهواء الساخن للبيت الذي يكون مواجهاً للشمس. يتم وضع المصرف عالياً في الجدار بحيث يرتفع الهواء الساخن بها ويبدأ بالخروج للتدفئة.

منزل الظل

منزل الظل هو عبارة عن بناء مظلل لزراعة الحرارة والضوء والنباتات الحساسة في الأوقات و المناخات الحارة. كما أنها تستخدم لتبريد المنزل عن طريق تركيب مصرف منخفض في الجدار المظلل ليتم نزول الهواء البارد وإطلاقه. يتم بناء منزل الظل على الجانب الذي لا يواجه الشمس ويكون بالفعل مظلل.

واليبيني

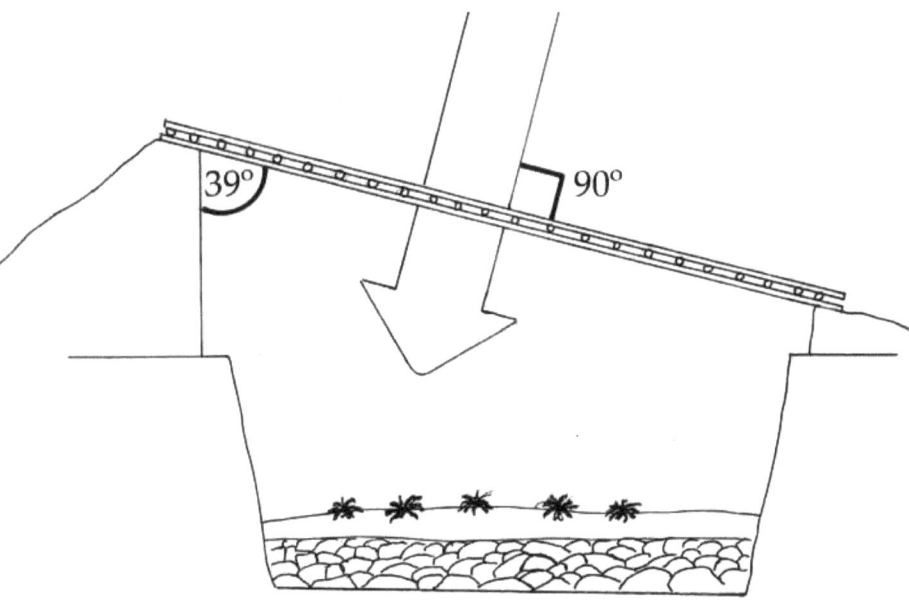

الواليبيني عبارة عن دفيئة زراعية يتم إنشاؤها تحت الأرض. في الأيمارا، وهي قبيلة بوليفية هندية تعني كلمة والبيني مكان الدفء. هذا التصميم يقوم على استخدام الحرارة الثابتة في الأرض اتجاه الشمس للحفاظ على المحاصيل دافئة في الطقس البارد جداً. يصنع سطح هذه الدفيئة من البلاستيك أو الزجاج الشفاف. تكون زاوية السطح مقابلة لزاوية الشمس ب 90 درجة في الإنقلاب الشتوي وذلك للحصول على أكبر قدر ممكن من الطاقة في أحلك أيام السنة.

يتم استخدام الواليبيني لزراعة أشجار الموز في الشتاء في جبال الأنديز على ارتفاع 6000 قدم. وذلك بسبب قدرتها على الحصول على الحرارة والحفاظ عليها.

يتم إنشاء الأسرة الزراعية على سطح من الحصى وذلك لمنع المياه من الركود. تعتبر هذه وسيلة سهلة وغير مكلفة لزراعة المحاصيل في فصول الشتاء الباردة.

ووفاتي

بالارتكاز على 80% من أعمال مايك أولر في إنشاء منازل الملاجئ الأرضية, قام بول ويتون بتصميم ووفاتي وهو عبارة عن ملجأ أرضي يسمح بالكثير من الضوء مع عدم الحاجة إلى تكييف الهواء أو التدفئة. يعمل هذا التصميم على التقاط حرارة أشعة الشمس في فصل الصيف وتمديدها لفصل الشتاء. تعمل الأرض الموجودة حول هذه الملاجئ على الحفاظ عليهم باردين في فصل الصيف ودافئين في فصل الشتاء. كما أن لها ميزة إضافية وهي أنها سريعة وغير مكلفة في عملية البناء.

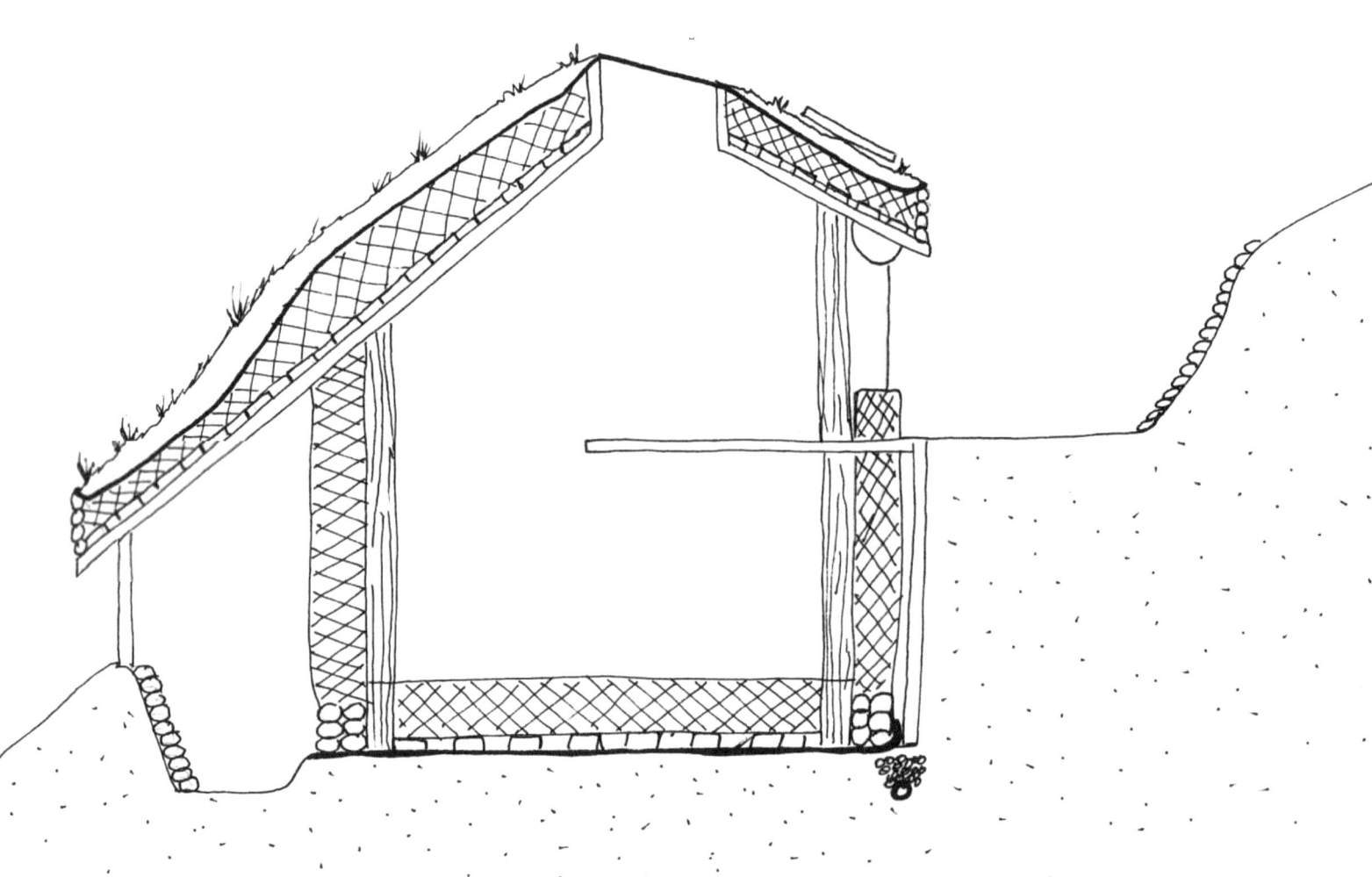

الفصل الخامس

الزراعة المعمرة والمستقبل

الزراعة المعمرة والمستقبل

إذا كنا نستطيع بناء علاقة تكافلية مع الطبيعة، بالتالي نستطيع بناء أي شيء لمستقبل باهر. باستخدام علم الزراعة المعمرة، نستطيع القضاء على تدهور التربة وندرة المياه والتصحر والتلوث والجوع ونقص الموارد. بإمكاننا الوقوف جنباً إلى جنب لبناء أنظمة مرنة من شأنها حمايتنا من تغيرات المناخ. سيتطلب ذلك جهداً عالمياً في كل المجتمعات لنفعل ما في وسعنا واستغلال كل ما لدينا. كما أن جميع النفايات يجب أن يتم إعادة تدويرها للتخلص منها في المناطق التي نعيش فيها.

يجب إنتاج الغذاء وتوليد الطاقة على نحو مستدام ومحلي. حتى لا نحتاج إلى تصدير أو استيراد أي شيء. فقط نحتاج إلى النظر حولنا لحل جميع مشاكلنا .

باستخدام العلوم والمعرفة الموجودة في هذا الكتاب نستطيع إعادة بناء النظم البيئية المتدهورة، ونستطيع بناء خلق وفرة في كل شيء وفي أي مكان بغض النظر عن العمر أو أي ظرف من الظرو ف

يجب عليك مراقبة ما يتم زراعته في منطقتك. هل لديك أنواع جيدة من البقوليات؟ هل يمكنك جمع بذورها؟ هل يمكنك تجميع المياه من سطح منزلك أو الأرض؟ هل بإمكانك أن تحفر خندق؟ هل تستطيع تجميع النشارة ومياه الأمطار والمواد العضوية؟ إذا تستطيع القيام بكل تلك الأشياء، فبإمكانك البدء بتصميم النظام المستدام والذي سيقوم بجميع عمليات المعالجة لمنطقتك.

فقط ابدأ الان !

MP

81 كتاب الزراعة المعمرة المدرسي

المحتويات

A

Altitude Effect, 38
Aquaculture, 22, 33, 37, 70

B

البكتيريا, 16, 24-25, 27, 56, 60, 62

C

Chicken Tractor, 69
Chinampa, 70-71
Chop and Drop, 31, 61, 63
Climate Analog, 40
Compost, 14, 18, 54-60, 69
Continental Effect, 39
Contour, 43, 49, 72, 75
Cycle, 14, 17-21, 25, 27, 31, 40, 44, 47, 71-72

D

Dams, 74-75
Diversity, 6, 16-17, 23, 29, 33, 43, 45, 47, 52, 57-58, 66, 73

E

Edge Effect, 42, 70
Energy, 6, 8, 10-11, 19, 21-22, 33, 37, 41, 45, 47-48, 50, 67, 72, 74, 77, 80
Ethical, 6-8

F

Fertility, 16, 19, 24-25, 33, 71, 73
Fish, 58, 70-71
Food Forest, 10, 50, 62-63
Fungi, 10, 12, 14, 24-25, 27-28, 45

G

Gabion, 75
Garden, 10-11, 17, 41-42, 44, 46, 50 57-58, 60, 62-63, 69, 72
GMO, 12
Gravity, 6, 33, 37, 74, 76
Greenhouse, 54, 77
Guild, 44, 63, 66

H

Herbicides, 10, 12, 24-25
Hugelkultur, 72

K

Keyline, 48, 74
Keypoint, 48, 75

L

Legume, 10, 16, 61-63, 73, 80

M

Maritime Effect, 38-39
Microclimate, 33-34, 67
Mineral, 10, 13, 24-25, 27, 33, 56-57 59-60, 69
Mulch, 18, 29, 31, 49-50, 55-56, 62 66, 70, 72-73, 80

N

Niche, 17, 30, 44
Nitrogen, 10, 16, 24, 45, 56-57, 61-62, 72-73

O

Organic, 12, 18, 23-25, 27, 52, 57, 69, 80

P

Paddock Shift, 68-69
Pattern, 6, 13, 17, 37, 40
Pesticides, 10, 12, 24-25
pH, 45-46, 69
Pollution, 14, 80

R

Rain, 21, 39-40, 49, 66, 73, 76, 80
Rain Shadow, 33, 39
Rocket Mass Heater, 76

S

Sector Planning, 50
Seeds, 10, 16, 18, 23, 54-57, 80
Shadehouse, 77
Slope, 33, 42, 66, 72, 74-75
Soil Food Web, 25
Solar, 8, 41
Sunpath, 41, 77
Swale, 49, 63, 72-73, 75, 80

W

Walipini, 77
Water, 6, 8, 13-14, 16, 19-24, 29, 33, 37-39, 42-43, 47-49, 52, 54-56, 58-60, 66, 69-77, 80
Weeds, 10, 31, 58, 61
Wind, 6, 8, 23-24, 29, 33-34, 38-39, 47, 50, 67, 73
Wofati, 78

Y

Yield, 44-45, 47, 49, 66, 71

أقدم امتناني الذى لا حدود له الى :

my family
Adriana, James & Oliver Powers
Dolly Powers
Mike, Vicky, Joe & Rosemary Mitchell
Rick & Darcy Powers

the illustrators
Brandon Carpenter
Wayne Fleming

my teachers, editors and supporters
Geoff Lawton
Rosemary Morrow
Elaine Ingham
Danial Lawton
Diego Footer
Paul Wheaton
Jocelyn Campbell
Eivind Bjørkavåg
Cassie Langstraat
Permies.com
Diana Leafe Christian

the kickstarter backers
Jeremy Martin
Richard Larson
Wojciech Gorny
Eward Gaybba
Cassie Langstraat
Jennifer Wadsworth
Trista Teeter
Debra Krause
Pamela S Stumpf
Kelly Clark
Mark R Brown
Debbie Han
Michael Hoopes
Brady Randall
Lisa Orr
Dustin Hall
Sharon Hilchie
Michael Dunn
Andy
Michael Leatherman
Aome St Laurence
Lorenzo Costa
Marianne Spitzform
David Dahlsrud
Santi
Maria Svennbeck
Blayne Sukut
Rob MacMorran
Christer DeBoer
William D
Raul Sanchez Jr.
Eivind Bjørkavåg
Cynthia Carter
Brian Klock
Brian Cummings
Rick Powers
Meghan Craig
Matthew Johnson
Lance Day
The 3-R Ranch
Phyllis Seidl
Jackie de Vries
Rosemary Schmidt
Linda Morrison
Jean Cavanaugh
Martin Giannini
Heather Bean
Holly Cummings
Kerry Rodgers
Robert Reid
Livvy Floren
Desirea Holton
Rebekkah Morgan
Diane Ernst
Thomas Stark
Sandra KRODJA
Erik Little
Raihan
Susan McGuinness
Charlene Nash
Susan Ainsworth Smith
Deborah Ang
Patricia Zulkosky
Max Madalinski
Gibson Verkuil
Nancy Sutton
Jacqueline Kim
Christos Demolas
T F Taranto
Doug Barth
Gay Rogers
Gabriela de Sá Nunes

Salt Pheonix
Liz Braithwaite
Katrina Spade
Debbie Sauerteig
Georgina Warden
Katalin Berta
Mark Hall
Markus
Audrey Saunders
Nicola Cervella
Barbara Bauer-Chen
Timothy Skogen
Sharyn Wilson
Michael Brahier
Jessica Peterson
Karl Treen
Demetra Markis
Joby
Henry Trott
Costa Boutsikaris
Cecilia Pleshakov
Olivier Asselin
Bryan Légère
Duke
Bob Akers
Justin Rhodes
Noah Rodrigues
Miku Valley Permaculture
Akshay
Viv Chamberlin-Kidd
Michelle Gundersen
Leann Sasamoto
James Gonzalez

Paul Wheaton
Stephen Joll
Pamela Jines
Maureen Lefebvre
Jeff Haenggi
Liz Utting
Michael Tullius
Alan Booker
Zita-ann Riesterer
Nichole Fausey-Khosraviani
Janice K
Johan Bergknut
Jenny Kato
Steve Steiner
Connie West
Philippe Page
Simon Johnson
Bob Rw
Tabitha Hanes
Julieta P Peralta
Elyse Sheppard
Narayan Swamy
Haley Cox
Chris Webb
Shelley Strong
Trish
Pamela Sawyer
Dana Crawford
William Barry-Rec
John Dodge
Rob Gray
Richard George

Caleb
Brooke Young-Kerr
Howard Story
Brian Bishop
William Turner
Jessica Carlson
Pearl Fortune
Stuart McHendry
Marcus Wilson
Jana Lin
Kylie Maudsley
Rebekah Kuby
Xavier OK
Mutual Welfare
Emil Hasan
Charlotte
Hannah Su Taylor
Christopher Dunn
Janelle Roza
Heather
Kristy Keller
Rene Bajamonde
Andrew Ayers
Travis
Peter Eberle
Leon Elt
Ed S
Jenny Shore
Lars Woltemade
Mary Ann Litchfield
Neal Spackman
Christopher Hill
Tiffany Zwieg

Jenny Marchand
John Athayde
Svein Daniel Solvenus
Rasili O'Connor
Jodi Hesse
Holly Lynne Teresa Malloy
Erin Lund Johnson
Silvia Daole
Gary Calder
Acerific
Karl
Juan B. Ortiz
Jaime and Jennifer White
Wendy Howard
Dylan
New Tokyo School Kagoshima
Brian and Stephanie Ladwig-Cooper
Ceferino
Sandra Lee Russell
Ian Cody Harrison
Geoff Cooper
Justin Ingersoll
Massi Miat
Jonathan Stoski
John Cornett
Elizabeth Swenson
Georgia Craft
Kevin Brown
Carlo
Jodi Wright
Tom Trial

Jennifer Mendez
Ricky Curioso
Mike Mitchell
Casey Price
Jamie Somma
Melanie Hoffman
Greg
Quinn Trejo
Anthony Cook
Kurtis Colonna
Jane Lawson
Maggie
Colette Cook
Laurie Neverman
Miss Deonne
James Julian Castillo
Chandrika Joshi
Diane Maennle
Zachary Schrock
Saskia Symens
Dylan Hardy
Peter Larsen
Mike K
Fred Tyler
Nancy Callan
Ainsworth Anne
Casimir Holeski
Kara Richardson
Neil Geldart
Henk
Bill Colvin
Diana Hoffman
Ted Krug

Jarrett Columbus
Tom Magill
Coen Meintjes
Nicholas Burtner
Susan Grimm
Chad Stamps
Derik Keith
Megan Stevens
Jeni Rolon
Morgan Louis
Carol Taylor
Salah Hammad
Heinrich Lorenzen
Dominic Allamano
Darrell Clevenger
James Breeding
Chuck Zinda
Bonnie Blowtorch
Kevin Mace
Kris Holstrom
Eric T. Mings
Gary Degolier
Christiana St-Pierre
Darien Savoie
Deborah Loupelis
Robert Bryant
Suburban Snowflake
Esther Taylor
Ryonin
Dusty Hicks
K
Leah Shanker
Sara Storimer

Ed
Clare Lasby
Andrew J. Whittaker
Raye Hodgson
karen
Jyoti Deshpande
Aimee Grimmel
Michael Wolfert
Karen Noon
Terrill Rankin
Marie Shaw Iden
Alicia Kaye
Stefan Johnson
Ruth Eliot WPLK
Alexander Ojeda
Nur Bates
Lisa Apfelbaum
Heather Hynd
Dr. & Mrs. J. Christopher Williams
Karla Upton
Douglas Kidd
Randy Tipton
Sam Samson
Lisa O'Neal
Jeff Womack
Brody Jordan
JoAnn Olinger-Luscusk
Rica
Jeffrey Haney
Yong M Hua
Amy DiAngelus
Peter Mack

Kern Lunde
Greg Tuveson
Nicolas Vervisch
ROBERT
Sahdia Khan
Eric Moen
Debby Rosin
Shane Fatello
Hannah Smiley
Cathy
Jesse Ash
Zachary Daniel Jones
Trevor Peck
KW
John Giroux
Julia Mason
Chris
Carl Palmer
Julie Diane Johnston
James McDaniel
ArtCraft Entertainment, Inc.
Jesse Grimes
Erika Bailey
Stephen Mayer
Michael Woods
Jeff Sullivan
Bill
Janet Dowell
Lynne Road Permaculture Farm
Jesse Chastain
Christopher Ryan

Chris Georgopoulos
Peter Piche
Ken Parker
Pete Koenig
Sandra Arrowood
Roberta and Hathan
Linda Spain
Josh Noland
Melina Wade Staal
Janelle P
Steve Flanagan
Lisa Kohlhepp
Sam Pearson
Andre Odore
Fran DaShiell
Mary Nichol
Teresa Lees
Terri Warriner
Monique
Spencer Dalberg
John Peck
Gred Gross
April
InfernoSis
Mario Diaz
Justin Stenkamp
Brian Stretch
Mary Fahnestock-Thomas
Nathaniel Rogers
Teresa Schaefer
Paul Hinchcliff
Matt Hogan
Leslie Patton

Collette Hoagland
Todd Harpster
Jeremy Gragston
KNS
Kristi Rainwater Steffek
Curtis Budka
Tracy Hamblin
Nancy Swartzbaugh
John Cusimano
Phoenix Blackdove
Scott deWyze
K Flaye
Stefan Kalisch
David Cortez
Blayne Prowse
Don Vallere
Ewelina Bajda
Patricia Vallentyne
David Lockwood
Stephen
Stephen
Susan Valdez
Lisa Russell
Lisa Delaney
Christopher Harrison
Permatees
Jen Davis
Kaleb Fifield
Avril Parsons
Heli Iso-Aho
John Adam
Fadi Kanso
The Hummingbird Project

Jeff Kerestes
Turon Sharp
David Kepner
Betty Jones
Liz Rantz
William Freimuth
Leona Klassen
Somorendro Khangembam
Kasie Roads
James Rotondi
David Oman
Miles Flansburg
Lachlan MacDonald
Stacie Wright
Adison Temple
Karl Keller
Ben Jamin Walker
TribalWisdomAcademy.com
Chad Van Tol
Jennifer Niquette
Danielle Williams
Amy Kirsten
Richard Bourdeau
Anderson
Stephen Vermilyea
Sue Rine
Mike Machlin
Nathan Drager
Jennifer Varner
Rob
Erika Sedgman
Leslie

Peter Clare
Vickey
Deborah Smith
Matthew Goto
Lawrence Lessig
Kathryn Hardage
Bill Garlick
Jason Nicoll
Derek Williams
Dustin
Michael Stein-Ross
Mark DuBois
Thadius Marcus
Beatrice Price
Jacob Holzberg-Pill
Nathan
Pamela Long Martinez
Michelle Thompson
Marney Morgan
J83
Nicole Mitchell
RN
Lymun
Mandy & Steve Ritchie
Paul Ely
Lili
Sarah Joubert
ktwan
Kevin Brown
Laura Ruby
Shawn Adair
Carmen Clow Fedor

نبذة عن الكاتب

ولد مات باور عام 1982, في مدينة --. نشأ باور على حب التزلج والرسم واللعب في الهواء الطلق. حصل على درجة البكالوريوس من جامعة نيويورك للأدب الإنجليزي والأمريكي، ودرجة الماجيستير في التربية من الجامعة الوطنية وشهادة تصميم الزراعة المعمرة من دورة جيف لوتن على الانترنت. عمل مات في الموسيقى والتدريس والرحلات والتسجيل في الاستوديو في مدينو نيويورك ولوس انجلوس وهو في سن العشرينات. تزوج مات من أدرينا وأنجب منها طفلين. بعدما أصيبت أدرينا بالسرطان مرتين في سنة واحدة، انتقلت العائلة للعيش في ولاية كاليفورنيا. وبعد سنوات قليلة بدأ مات باور بالقيام بالرحلات و تسجيل كل ما يلاحظه فيها، ثم بدأ كمدرس للغة الإنجليزية, كما عمل في إنتاج الموسيقى الرقمية في مدرسة وسط وادي كاليفورنيا. والتي تتمحور في تعليمها حول الطلاب والتعلم والتكنولوجيا وبناء المجتمع

حالياً يقوم مات باور بحضور مؤتمرات التنمية المستدامة والزراعة المعمرة ويتحدث فيها عن مشاركة الطلاب والزراعة المعمرة وتكنولوجيا التعليم في القرن 21. لقد أسس مات مدرسة الزراعة المعمرة لتقدم نموذجاً جديداً في التعليم، تقع هذه المدرسة في 15 سيباستول في كاليفورنيا. كما عمل على إداة ومتابعة بودكاست الزراعة المعمرة على آي تونز و ساوند كلاود. يتوقع أن يقوم مات بالكتابة والتعليم ومشاركة المعرفة لفترة طويلة في المستقبل.

المواقع الالكترونية :

thepermaculturestudent.com
twitter.com/Permaculture123
facebook.com/ThePermacultureStudent
facebook.com/PermacultureLifeSchool
facebook.com/PermacultureTonight
soundcloud.com/PermacultureTonight

المزيد من الكتب لنشرها في المستقبل ...

الغابة الغذائية المنسية
الفول السحري
الزراعة المعمرة لبيتر
كتاب الزراعة المعمرة المدرسي 2 و 3 و المزيد !

www.ingramcontent.com/pod-product-compliance
Lightning Source LLC
Chambersburg PA
CBHW041112070526
44584CB00002B/147
9781732187832